W0202026

Treffpunkt

Deutsch als Zweitsprache für Alltag und Beruf

Kursbuch A1.1

Julia Herzberger
Friederike Jin
Martina Schäfer
Matthias Scheliga

Dieses Buch als E-Book nutzen:
Use this book as an e-book:
mein.cornelsen.de
a9yh-sw-uevc

Cornelsen

Herzlich willkommen bei *Treffpunkt*

Das Lehrwerk Treffpunkt richtet sich an erwachsene Lernende, die in einem deutschsprachigen Land leben und arbeiten möchten. Ziel ist es, ihnen die Integration in Alltag und Beruf zu erleichtern und sie zu befähigen, in allen Angelegenheiten des täglichen Lebens sprachlich selbstständig zu handeln. Die Themen, die Aufgaben sowie die Sozialformen sind so gewählt, dass eine möglichst für alle Lernenden angenehme Lernatmosphäre im Unterricht geschaffen werden kann.

Treffpunkt orientiert sich an den Vorgaben des Gemeinsamen europäischen Referenzrahmens sowie des Begleitbandes und deckt die Lernziele des Rahmencurriculums für Integrationskurse des Bundesamtes für Migration und Flüchtlinge ab. Berücksichtigt werden auch die Anforderungen der neuen Zusatzqualifikation für Lehrkräfte im Bereich Deutsch als Zweitsprache.

Blick ins Buch

Zielaufgaben mit Sitz im Leben

c **Laden Sie eine Freundin / einen Freund in Ihre Stadt ein. Schreiben Sie eine E-Mail wie in a. Die App hilft.**

1. Wo liegt Ihr Ort?
2. Was gibt es in Ihrem Ort?
3. Was mögen Sie besonders gern?
4. Was kann man im Frühling, Sommer, Herbst oder Winter machen?

Humorvolle Video-Geschichten

Aufgaben mit Perspektivwechsel

23

e **Was ist für den Gast nicht angenehm? Sehen Sie das Video noch einmal. Kreuzen Sie an.**

1. ☐ Karim steht sehr nah.
2. ☐ Karim spricht sehr schnell.
3. ☐ Karim spricht sehr laut.

f **Was ist für Sie angenehm, was nicht? Arbeiten Sie in Gruppen. Zeigen Sie.**

Kooperative Aufgaben

a **Arbeiten Sie zu zweit. Wählen Sie eine Situation (A oder B). Ihre Partnerin / Ihr Partner wählt die andere Situation. Hören Sie oder lesen Sie in der App. Schreiben Sie Antworten.**

2.44

A	B
Telefonat mit dem Bürgerbüro	Chat mit einer Freundin

1. Wo kann man das machen?
2. Was braucht man?
3. Wo gibt es die Formulare?
4. Was kostet es?

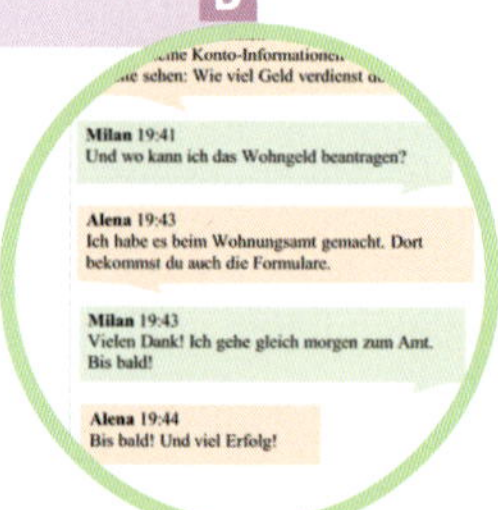

...ne Konto-Informationen
...e sehen: Wie viel Geld verdienst du...

Milan 19:41
Und wo kann ich das Wohngeld beantragen?

Alena 19:43
Ich habe es beim Wohnungsamt gemacht. Dort bekommst du auch die Formulare.

Milan 19:43
Vielen Dank! Ich gehe gleich morgen zum Amt. Bis bald!

Alena 19:44
Bis bald! Und viel Erfolg!

b **Was ist gleich? Was fehlt? Vergleichen Sie zu zweit. Schreiben Sie ein Infoblatt wie in 2b.**

Visualisierung von grammatischen Strukturen

Strategien bewusst einsetzen

3 Wörter erklären

a **Welches Wort passt? Suchen Sie die Wörter in 2c. Schreiben Sie.**

Strategie 1: das Wort auf Deutsch erklären
Das bedeutet: Wohin möchtest du fahren?
____

Strategie 3: das Gegenteil sagen
Das Gegenteil von „Kind".
____

Strategie 2: das Wort
[illegible]
____

Strategie 4: es in einer anderen Sprache sagen
Auf Englisch: arrival.
die Ankunft

Das Kursbuch

Die **Kursbuch-Kapitel** bestehen aus acht Seiten. Auf den ersten sechs Seiten werden die Lerninhalte vermittelt. Diese Seiten folgen einem einheitlichen linearen Aufbau: Innerhalb jeder Doppelseite finden sich immer die Schritte Einstieg ins Thema, selbstentdeckendes Lernen, Automatisieren, Üben und eigenständige Sprachproduktion. Jede Einheit bietet Aufgaben zur Mediation und Aufgaben mit plurikulturellem Schwerpunkt an, in denen die Lernenden für vielfältige Perspektiven auf das Leben sowie kulturell unterschiedliche Normen und Werte sensibilisiert werden. Viele Aufgaben sind binnendifferenziert formuliert.
Auf den letzten zwei Seiten bekommen die Lernenden Raum für eine kurze Pause, um Wortschatz, Strukturen und Kommunikation in einem anderen, oft berufsbezogenen Kontext zu wiederholen. Das integrierte Strategietraining erleichtert es den Lernenden, den Lernprozess zunehmend selbst zu gestalten.
Nach je zwei Einheiten folgt eine **Magazin-Doppelseite** mit interessanten Lesetexten und Projektaufgaben.

Aufgaben zur individuellen Auswahl

◉ d **Arbeiten Sie zu zweit. Wählen Sie eine Situation (A oder B). Spielen Sie einen Dialog. Die App hilft.**

Sie können nicht zum Kurs kommen. A	**Sie können nicht zur Arbeit kommen.** B
Sie sind krank. Rufen Sie an. Ihre Partnerin / Ihr Partner ist die Kursleiterin / der Kursleiter.	Sie sind krank. Rufen Sie an. Ihre Partnerin / Ihr Partner ist die Chefin / der Chef.

Sprachvergleichende Aufgaben

f **Wie heißen die Wörter in Ihren Sprachen? Sammeln Sie im Kurs. Vergleichen Sie.**

deutsch	Taxi	Auto	Bus	Fahrrad	Zug
englisch	...				

Aufgaben zur Werte-Sensibilisierung

c **Wie finden Sie die Verbote und Regeln in a? Welche kennen Sie noch? Finden Sie sie wichtig? Sprechen Sie im Kurs.**

Man darf ..., aber man darf nicht ...	Das finde ich gut / richtig / nicht gut / komisch.
... ist/sind (nicht) erlaubt.	Ich verstehe das (nicht). Viele machen das.

Aufgaben mit unterstützenden Textbausteinen und Redemitteln

◉ a **Wo lernen Sie? Was machen Sie dort? Wählen Sie eine Aufgabe (A oder B). Schreiben Sie einen Text wie in 2a. Die App hilft.**

Angebot zum individuellen Üben am Ende jeder Einheit

4 Alles klar? Wollen Sie mehr üben?

a **Was hat Ihnen gefallen? War es schwer? War es leicht? Sprechen Sie im Kurs.**

◉ b **Wiederholen Sie und üben Sie in der App. Wählen Sie A (leichte Übungen) oder B (schwere Übungen).**

Aufgaben zur Medienkompetenz

a **Wie kommt man zum ... / zur ... in Ihrer Stadt? Arbeiten Sie zu zweit. Wählen Sie einen Ort (A oder B). Ihre Partnerin / Ihr Partner wählt den anderen Ort. Suchen Sie eine *Verbindung* von Ihrer Sprachschule. Benutzen Sie das Internet oder eine App. Schreiben Sie.**

Bibliothek A	**Bürgerbüro** B

Interessante Texte und Projekte im Magazin

TREFFPUNKT

Monatsgrafik:
Was machen die Deutschen gern in ihrer Freizeit?

- 96 surfen und chatten
- 86 fernsehen
- 83 etwas am Computer machen
- 82 E-Mails lesen und schreiben
- 80 Musik hören

Lieblingsorte

Ich bin Andrei und ich komme aus Erfurt. Erfurt ist toll! Das sind meine Lieblingsorte:

Die Altstadt: Hier stehen viele alte Häuser. Sie sind sehr schön! Ich treffe hier immer Freunde und Kollegen und wir essen und trinken zusammen.

Alle Symbole führen zu den Inhalten in der PagePlayer-App:

- Hörtext
- Video, Grammatik-Video
- kooperative Aufgabe
- ◉ Textbausteine/Redemittel als Hilfe, interaktive Übungen

Inhalt

Inhalt

[illegible] Wohnen

Lernziele: eine Wohnung beschreiben • über Wohnungssuche sprechen • sagen, was man am Wochenende gemacht hat • eine private E-Mail schreiben • Mitteilungen im Haus verstehen • Nachbarn um Hilfe bitten **Plurikulturalität/Mediation:** höflich sprechen • Wohnungssuche in verschiedenen Ländern vergleichen • Alltagsredemittel (nach Toilette fragen) in verschiedenen Sprachen vergleichen **Strategie:** mit Wortkarten lernen **Grammatik:** Possessivartikel *unser, euer* • Perfekt mit *haben* **Phonetik:** freundlich sprechen

Teilband A1.2

12 Ausbildung

Lernziele: über die Ausbildung und Zukunftspläne sprechen • Notizen [illegible]hen • Werbetexte verstehen • ein Beratungsgespräch verstehen • eine [illegible]ng für ein Praktikum schreiben **Plurikulturalität/Mediation:** [illegible]n Ausbildung verstehen • Informationen über sich und andere Pe[illegible]ben • eine einfache Grafik beschreiben **Strategie:** mit Bewegu[illegible]matik: Modalverben: *können, wollen* • Perfekt mit *sein* • Präpos[illegible] *in* **Phonetik:** Betonung im Satz

13 Beim Arzt

Lernziele: sagen, dass man krank ist • einen Arztter[illegible] • eine Ansage auf dem Anrufbeantworter verstehen • Arztgesp[illegible] Anweisungen verstehen und geben • eine Geschichte schrei[illegible] **Plurikulturalität/Mediation:** Gewohnheiten bei Arztbesuchen verg[illegible] die Bezeichnung *Hausarzt* in verschiedenen Sprachen vergleichen • mit [illegible] zeigen, dass etwas wehtut **Strategie:** Übungen schreiben **Grammatik:** Impera[illegible]tiv mit *Sie* • Präteritum: *sein, haben* **Phonetik:** Konsonant *z* • Vokale

14 Die Krankschreibung

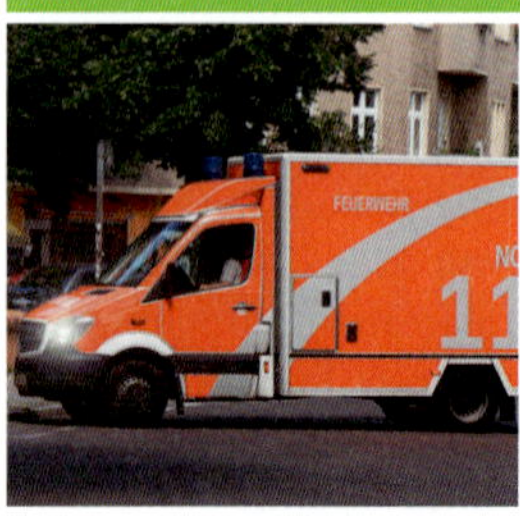

Lernziele: sich krankmelden • Informationen zur Krankschreibung verstehen • Anweisungen verstehen • Gespräche in der Apotheke führen • ein Infoblatt zu Notfällen verstehen • ein Notruf-Telefonat führen **Plurikulturalität/Mediation:** das Wort *Rezept* in verschiedenen Sprachen vergleichen • über das Verhalten in Notfällen sprechen **Strategie:** die Korrekturfunktion am Computer nutzen **Grammatik:** Präpositionen *vor, nach* • Modalverb: *sollen* **Phonetik:** Konsonant *pf*

15 Wege in der Stadt

Lernziele: eine Wegbeschreibung verstehen • einen Weg beschreiben • Informationen am Schalter erfragen • Stadtpläne und Hinweisschilder verstehen • sich höflich entschuldigen **Plurikulturalität/Mediation:** vergleichen, wie man sich entschuldigt • Benennung der Stockwerke in verschiedenen Sprachen vergleichen **Strategie:** Informationen wiederholen **Grammatik:** *es gibt* • Wechselpräpositionen (+ Dativ) • *und, aber, oder* **Phonetik:** Wortakzent • Ach-Laut, Ich-Laut

Teilband A1.2

1 Willkommen!

A Ich heiße Karim Hadid.

1 Wie heißen Sie?

Kurskette. Fragen Sie und antworten Sie.

- Guten Tag, ich heiße ... Und Sie?
- Ich heiße ...

2 Woher kommen Sie?

1.02 **a Hören Sie. Lesen Sie.**

- Guten Tag. Ich bin Martina Schmittke. Wie heißen Sie?
- Guten Tag. Ich heiße Karim Hadid.
- Woher kommen Sie, Herr Hadid?
- Ich komme aus dem Irak. Und Sie, Frau Schmittke?
- Aus Deutschland. Herzlich willkommen.
- Danke.

Lernziele: sich begrüßen • den Namen und das Herkunftsland nennen • *Guten Tag* in verschiedenen Sprachen vergleichen •

b Woher kommen die Personen? Lesen Sie noch einmal. Ergänzen Sie.

Karim Hadid

Ich komme aus dem ____________________.

Martina Schmittke

Ich komme aus ____________________.

c Wie heißt Ihr Land? Woher kommen Sie? Ergänzen Sie. Die Bildleiste hilft. Lesen Sie laut.

Ich komme aus ____________________.

Woher?

Ich komme **aus** Deutschland/Bulgarien/...

! Ich komme **aus** dem Irak / der Türkei / dem Sudan.

d Kursspaziergang. Fragen Sie und antworten Sie.

Ich komme aus ... Woher kommen Sie?

Ich komme aus ...

3 Guten Tag!

01

a Woher kommen die Personen? Sehen Sie das Video. Ergänzen Sie.

1

Martina Schmittke

Ich komme aus Deutschland, aus ____________.

3

Helen Agravante

Ich komme aus ____________, aus Tuttlingen.

2

Karim Hadid

Ich komme aus dem Irak, aus Bagdad.

4

Todor Milev

Ich komme aus ____________, aus Russe.

b Wie sagen Sie *Guten Tag* in Ihren Sprachen? Schreiben Sie auf einen Zettel.

As-salamu alaikum! Bonjour!

c Hängen Sie Ihren Zettel auf. Stellen Sie sich vor.

Ich heiße ... / Ich bin ...

Ich komme aus ...

As-salamu alaikum! Ich heiße Eliza. Ich komme aus Tunesien, aus Gabes.

Irak

Jemen

Sudan

Kenia

Thailand

____

B Ich spreche ein bisschen Deutsch.

1 Welche Sprachen sprechen Sie?

a Ergänzen Sie. Lesen Sie laut.

Ich spreche ______________________ und ein bisschen Deutsch.

Arabisch • Bulgarisch • Englisch • Farsi • Französisch • Swahili • ...

b Kursspaziergang. Fragen Sie und antworten Sie.

Welche Sprachen sprechen Sie?

Ich spreche ... und ein bisschen Deutsch.

2 Woher kommst du, Karim?

1.03

a Welches Foto passt? Hören Sie. Ordnen Sie zu.

A ☐

B ☐

b *Sie* oder *du*? Markieren Sie die Fragen. Ordnen Sie zu.

1. Guten Tag. Wie heißen Sie?
   Mein Name ist Karim Hadid.
   Herr Hadid, woher kommen Sie?
   Ich komme aus dem Irak.
   Und welche Sprachen sprechen Sie?
   Arabisch und ein bisschen Deutsch.

2. Hallo! Ich bin neu hier. Ich heiße Karim. Wie heißt du?
   Ich bin Todor. Woher kommst du, Karim?
   Aus dem Irak. Welche Sprachen sprichst du?
   Bulgarisch und ein bisschen Deutsch.
   Interessant!

Sie: Herr Hadid / Frau Schmittke	**du:** Karim/Martina/Todor
Wie heißen Sie?	______________
______________	______________
______________	______________

c Lesen Sie noch einmal in b. Ergänzen Sie.

Verben

	kommen	**heißen**	**sprechen**	**sein**
ich	komme	heiß___	spreche	______
du	kommst	heiß___	sprich___	bist
Sie	kommen	heiß___	sprech___	sind

d Wählen Sie einen Dialog in b. Variieren Sie zu zweit.

Lernziele: sagen, welche Sprachen man spricht • buchstabieren • bei Nicht-Verständnis nachfragen • sich bedanken •

3 Ich buchstabiere.

1.04

a Das Alphabet. Hören Sie. Sprechen Sie nach.

Aa a	Bb be	Cc tse	Dd de	Ee e	Ff ef	Gg ge	Hh ha	Ii i	Jj jot	Kk ka	Ll el	Mm em
Nn en	Oo o	Pp pe	Qq ku	Rr er	Ss es	Tt te	Uu u	Vv vau	Ww we	Xx iks	Yy ypsilon	Zz tsett
Ää a-Umlaut	Öö o-Umlaut	Üü u-Umlaut	ß eszett									

1.05

b Wie heißt du? Hören Sie. Schreiben Sie.

A _ _ _ _ _ _

c Kursspaziergang. Fragen Sie und antworten Sie. Sprechen Sie mit fünf Personen.

- Wie heißt du?
- Mein Name ist ... Ich buchstabiere: ...

Wie bitte? Wie schreibt man das?
Ich buchstabiere: ...
Danke. / Bitte.

4 Wie heißt du?

a Lesen Sie. Ergänzen Sie.

- Wie heißt du?
- Ich heiße Ariadne Moustaki.
- Wie bitte? Wie schreibt man das?
- Ich buchstabiere: A–R–I–A–D–N–E M–O–U–S–T–A–K–I.
- Danke! Woher kommst du?
- Ich komme aus Griechenland.
- Und welche Sprachen sprichst du?
- Ich spreche Griechisch und ein bisschen Deutsch.

Name: ____________________

Land: ____________________

Sprachen: ____________________

____

1.06

b Phonetik: W-Fragen. Hören Sie. Sprechen Sie nach.

1. Wie? – Wie heißt du?
2. Woher? – Woher kommst du?
3. Wie? – Wie schreibt man das?
4. Welche Sprachen? – Welche Sprachen sprichst du?

c Variieren Sie den Dialog in a zu zweit. Schreiben Sie einen Steckbrief wie in a für Ihre Partnerin / Ihren Partner.

d Alles richtig? Lesen Sie. Korrigieren Sie.

- Du heißt ... Du kommst ... Du sprichst ...
- Richtig! Und du heißt ...
- Nein, ich heiße Alena. Ich buchstabiere: A–L–E–N–A.

Ja, richtig.
Nein, ...

C Guten Tag!

1 Guten Tag! Auf Wiedersehen!

02

a Was sagen die Personen? Sehen Sie das Video (Teil 1). Ordnen Sie zu.

Tschüs! • Hallo! • Auf Wiedersehen! • Hi! • Bis bald! • Guten Morgen!

1

2

3

4

Guten Morgen! ______________________

____

____

____

b Welche Grüße sagen Sie mit *Sie*? Welche Grüße sagen Sie mit *du*? Markieren Sie in a.

c Wann sagt man was? Ordnen Sie zu.

Guten Tag! • Guten Morgen! • Guten Abend! • Gute Nacht!

______________ ______________ *Guten Abend!* ______________

03

d Wie begrüßen sich die Personen? Sehen Sie das Video ganz. Kreuzen Sie an.

1 ☐

2 ☐

3 ☐

4 ☐

5 ☐

6 ☐

e Wie begrüßen Sie sich in Ihrem Land? Was sagen Sie und was machen Sie? Zeigen Sie im Kurs.

Lernziele: sich begrüßen und verabschieden • nach dem Befinden fragen und antworten • Grußformeln in verschiedenen Sprachen

2 Wie geht es dir?

03

a Wie geht es Karim (K), Martina (M) und Helen (H)? Sehen Sie das Video noch einmal. Ordnen Sie zu.

b Lesen Sie die Wörter in a emotional.

c Wie geht es dir? Spielen Sie zu viert. Fragen Sie und antworten Sie.

d Variieren Sie zu zweit.

- Guten Morgen, Herr Hadid. Wie geht es Ihnen?
- Guten Tag, Frau Schmittke! Danke, sehr gut! Wie geht es Ihnen?
- Sagen wir *du*?
- Ja. Wie geht es dir, Martina?
- Na ja, es geht. Danke.

Sie: Wie geht es Ihnen?
du: Wie geht es dir?

e Kursspaziergang. Fragen Sie und antworten Sie wie in d.

3 Wie heißen Sie?

04

a Sehen Sie das Grammatik-Video. Ergänzen Sie dann.

Verben im Satz

	Position 2	
Woher ______	______	______ ?
______	______	______ .

b Arbeiten Sie zu dritt. Schreiben Sie einen Satz auf Karten.

c Bewegte Sätze. Tauschen Sie Ihre Karten mit einer anderen Gruppe. Bilden Sie den Satz.

4 Ich heiße ... Ich bin neu hier.

a Arbeiten Sie zu zweit. Wählen Sie eine Rolle (A oder B). Ihre Partnerin / Ihr Partner wählt die andere Rolle. Lesen Sie die Informationen in der App. Schreiben Sie Sätze.

Lado Mortschila **A** | Aida Aboulela **B** | *Ich heiße ...*

b Fragen Sie und antworten Sie. Die App hilft.

D Ich bin neu hier.

1 Bis bald!

Was sagen die Personen? Lesen Sie. Ergänzen Sie.

Wie heißen Sie? • Sehr gut, danke. • Guten Tag. • Wie geht es Ihnen • Woher kommen Sie • Bis bald! • Welche Sprachen sprechen Sie? • Wie bitte? • Aus der Türkei.

Guten Tag.

__________ *Ich bin neu hier.*

Hallo, ich bin Anja Gerds. __________

Ich heiße Esra Bilmen.

__________*, Frau Bilmen?*

Danke, gut. Und Ihnen?

____

__________*, Frau Gerds?*

Ich komme aus Deutschland. Und Sie?

____

____

Türkisch und Deutsch.

Oh!

Güle güle!

____

Güle güle! Bis bald!

Ich spreche ein bisschen Türkisch.

Oh, super! Güle güle!

____

Lernziele: einen Comic verstehen • sich vorstellen • Strategie: wichtige Sätze auswendig lernen, mit dem Smartphone lernen

2 Wichtige Sätze auswendig lernen

a **Lesen Sie in 1 noch einmal. Markieren Sie alle Sätze mit *ich*.**

b **Und Sie? Ergänzen Sie.**

Ich heiße ______________________.

Ich komme aus ______________________.

Ich spreche ______________________.

c **Lesen Sie laut. Lernen Sie die Sätze auswendig.**

Ich heiße Luana.
Ich komme aus China.
Ich spreche Chinesisch und ein bisschen Deutsch.

d **Nehmen Sie die Sätze mit Ihrem Smartphone auf.**

Ich heiße Lin.
Ich komme aus China.
...

e **Hören Sie die Sätze auf Ihrem Smartphone zweimal.**

Ich heiße Lin.
Ich komme aus China.
...

f **Sprechen Sie die Sätze auswendig. Kreuzen Sie an.**

Ich spreche ...

☐ 👍 sehr gut. ☐ gut. ☐ 👎 nicht so gut.

3 Bis bald!

Und jetzt Sie. Spielen Sie den Comic mit den Sätzen in 2b zu zweit.

4 Alles klar? Wollen Sie mehr üben?

a **Was hat Ihnen gefallen? War es schwer? War es leicht? Sprechen Sie im Kurs.**

b **Wiederholen Sie und üben Sie in der App. Wählen Sie A (leichte Übungen) oder B (schwere Übungen).**

2 Berufe

1

____

2

____

3

____

4

?

A Ich bin Koch.

1 Was bist du von Beruf?

a **Was sind die Personen von Beruf? Schreiben Sie. Die Bildleiste hilft.**

1.07 **b** **Hören Sie. Kontrollieren Sie Ihre Lösung in a.**

1.08 **c** **Was ist Karim von Beruf? Hören Sie. Ergänzen Sie.**

Ich bin ______________ von Beruf.

Ich arbeite jetzt als ______________.

d **Lesen Sie die Berufe in der Bildleiste laut.**

e **Was bin ich von Beruf? Arbeiten Sie mit der Bildleiste. Spielen Sie Pantomime. Raten Sie.**

Was bin ich von Beruf?

Du bist ...

Richtig!

✓ Stimmt! Richtig!

✗ Leider falsch!

Altenpfleger

Ingenieurin

Ärztin

Lehrer

Friseur

Mechatronikerin

Lernziele: nach dem Beruf fragen • den Beruf nennen • etwas bestätigen oder verneinen • Wortfeld: Berufe •

2 Ich arbeite als Taxifahrerin.

a Was sind Oksana, Ahmed und Simay von Beruf? Lesen Sie. Ergänzen Sie.

Kurs A1 × +

Der A1-Kurs-Chat

Ahmed: Hallo, ich bin Ahmed. Ich bin neu im Kurs. Ich komme aus Teheran. Und ihr?

Oksana: Hallo, Ahmed. Ich bin Oksana und ich komme aus der Ukraine. Ich bin Lehrerin von Beruf, aber ich arbeite als Taxifahrerin. Und du? Was machst du beruflich?

Ahmed: Ich bin Mechatroniker. Ich repariere Autos. Aber nicht in Deutschland. Ich lerne jetzt Deutsch.

Simay: Hi, ich bin Simay. Ich bin Altenpflegerin. Aber ich arbeite nicht. Ich bin Hausfrau.

Oksana: Oh, du bist Hausfrau? Du arbeitest auch! 😉

Simay: Ja, stimmt! 😀

Heimatland	Deutschland
Ahmed: Ich bin ______________.	Ich ______________.
Oksana: Ich bin ______________ von Beruf.	Ich arbeite als ______________.
Simay: Ich bin ______________.	Ich bin ______________.

b Wie heißen die Berufe von Frauen und Männern in a? Ergänzen Sie.

Mann:	Frau:
Lehrer	______________
Taxifahrer	______________
______________	Mechatroniker**in**
Altenpfleger	______________
Hausmann	______________

c Wie heißen die Berufe von Frauen und Männern in der Bildleiste? Sprechen Sie im Kurs.

d Was sind Sie von Beruf? Sammeln Sie im Kurs.

Kellner – Kellnerin, Busfahrer – Busfahrerin

Was bist du von Beruf? / Was machst du beruflich?
Ich arbeite als ... bei ... / Ich bin ... (von Beruf).
Ich studiere. Ich lerne Deutsch. Ich arbeite jetzt nicht.

e Kursspaziergang. Fragen Sie und antworten Sie.

- Was bist du von Beruf?
- Ich bin Friseur. Und du?

Verkäuferin

Koch

Polizistin

Taxifahrer

Hausfrau

Sänger

Wortbildung: weibliche Formen auf *-in*

B Wer ist das?

1 Er kommt aus ...

a Was passt? Lesen Sie. Verbinden Sie.

Rafik Schami

Das ist **Rafik Schami**. Er kommt aus Damaskus. Das ist in Syrien. Er wohnt schon lange in Deutschland. Er ist Autor und er ist sehr bekannt. Er schreibt Bücher.

Satou Sabally

Satou Sabally ist Basketballerin. Sie kommt aus Deutschland, aus Berlin. Sie wohnt und arbeitet in Dallas. Das ist in den USA. Sie spricht Deutsch und Englisch.

Yasemin und Nesrin Şamdereli

Das sind **Yasemin und Nesrin Şamdereli**. Sie sind Regisseurinnen und sie machen Filme. Ein Film heißt *Almanya – Willkommen in Deutschland*. Yasemin und Nesrin wohnen in Deutschland. Sie sprechen Deutsch, Kurdisch und Türkisch.

1. Rafik Schami
2. Satou Sabally
3. Yasemin und Nesrin Şamdereli

a sprechen Türkisch.
b wohnt in Deutschland.
c kommt aus Deutschland.

Woher?
Er kommt **aus** ...

Wo?
Sie wohnt **in** ...

b Lesen Sie noch einmal. Unterstreichen Sie die Verben in a. Ergänzen Sie.

Verben	**wohnen**	**heißen** (!)	**arbeiten**	**sprechen**	**sein**
ich	wohne	heiße	arbeite	spreche	bin
du	wohnst	heißt	arbeitest	sprichst	bist
er/sie	______	______	______	______	______
sie/Sie	______	heißen	arbeiten	______	______
	auch: kommen, machen, schreiben				

c Schreiben Sie weitere Verbformen.

kommen: ich komme, ...
machen: ...

d Lesen Sie in a noch einmal. Schreiben Sie Antworten.

1. Woher kommt Rafik Schami?
2. Was ist Satou Sabally von Beruf?
3. Wo wohnen Yasemin und Nesrin Şamdereli?

1. Er kommt ...
2. Sie ...
3. Sie ...

e Schreiben Sie zu jeder Person eine Frage. Fragen Sie und antworten Sie.

Lernziele: eine andere Person vorstellen • kurze Texte über Personen verstehen und schreiben • Verben: Präsens *er, sie, sie* (Pl.)

2 Was machen die Personen?

a Wer macht was? Sprechen Sie im Kurs.

Er macht Sport. • Sie singt Lieder. • Sie tanzt. • Er trainiert. • Sie schreibt Bücher. • Sie trinkt Tee. • Er macht Filme.

Die Sängerin singt Lieder und ...

1

der Basketballer

2

die Sängerin

3

der Regisseur

4

die Autorin

1.09

b Was macht Herr Schami noch? Was ist neu? Hören Sie zweimal. Ergänzen Sie.

Name: Rafik Schami (Suheil Fadel)

Land: Syrien, Deutschland

Sprachen: ______, Arabisch, ______, Französisch

Beruf: Chemiker, Autor

Was macht er? Er ______ Tee, er ______ mit Menschen, er schreibt Bücher auf ______.

Herr Schami heißt richtig ...
Er kommt ...

c Wählen Sie eine Aufgabe (A oder B). Ergänzen Sie.

A

Christina Hammer

Casper

Arbeiten Sie zu zweit. Wählen Sie eine Person.
Ihre Partnerin / Ihr Partner wählt die andere Person.
Lesen Sie in der App. Fragen Sie und antworten Sie.

B

Bekannte Person aus Ihrem Land

Suchen Sie Informationen im Internet.

Name: ______

Land: ______

Sprachen: ______

Beruf: ______

Was macht sie/er? ______

______

d Schreiben Sie einen Text zu Ihrer Person wie in 1a. Die App hilft.

e Welche Person ist interessant? Hängen Sie die Texte auf. Lesen Sie die Texte. Sprechen Sie im Kurs.

Wer ist das?

Das ist ... Sie/Er kommt aus ...

C Wir brauchen Hilfe.

1 Wie ist deine Telefonnummer?

a **Wie heißen die Zahlen? Lesen Sie die Zahlen in der Bildleiste laut.**

b **Wie zeigt man die Zahlen in Ihrer Sprache? Zeigen Sie im Kurs.**

1.10 **c** **Wie ist die Telefonnummer von Karim? Hören Sie. Kreuzen Sie an.**

1. ☐ 0162 2082 640 2. ☐ 0162 2083 640

Die Telefonnummer ist ...

1.10 **d** **Was ist das Problem? Hören Sie noch einmal. Sprechen Sie im Kurs.**

e **Kursspaziergang: Wie ist deine Telefonnummer? Fragen Sie und antworten Sie. Schreiben Sie. Kontrollieren Sie dann: richtig oder falsch?**

2 Wie viel ist das?

a **Was fehlt? Lesen Sie die Zahlen. Ergänzen Sie.**

10 zehn	11 elf	12 zwölf	13 dreizehn	14 _______zehn	15 _______zehn
16 sechzehn	17 siebzehn	18 _______zehn	19 _______zehn	20 zwanzig	

b **Wie viel ist das? Spielen Sie zu viert. Würfeln Sie dreimal. Die anderen rechnen. Wer antwortet zuerst?**

6 plus 5 plus 1 ist ... Zwölf!

3 Wir verstehen das nicht.

05 **a** **Was ist schwierig? Sehen Sie das Video. Kreuzen Sie an.**

1. ☐ die Arbeit 2. ☐ das Formular

05 **b** **Wer sagt was? Sehen Sie das Video noch einmal. Verbinden Sie.**

1. Karim a Ich helfe gern.
2. Helen b Ich verstehe das nicht.
3. Todor c Wir brauchen Hilfe.

c **Variieren Sie den Dialog zu zweit.**

Entschuldigung, ich brauche Hilfe.
Ja? Was ist das Problem?
Adresse – ich verstehe das nicht.
Adresse bedeutet: Wo wohnst du?
Ah, danke.
Bitte, ich helfe gern.

Nachname: Wie heißt du? • Land: Woher kommst du?

0 null 1 eins 2 zwei 3 drei 4 vier 5 fünf

Lernziele: persönliche Angaben machen • um Hilfe bitten • zeigen, dass man etwas nicht verstanden hat • ein Formular ausfüllen •

4 Wir wohnen in der Siemensstraße.

06

a Was sagt Karim? Sehen Sie das Video (Teil 2) noch einmal. Ergänzen Sie.

Nachname: ____________ Vorname: *Karim* ☐

Heimatort: ____________ ☐

Adresse: Straße und Hausnummer: *Siemensstraße* ☐

Ort, Postleitzahl (PLZ): ________, ________ ☐

Beruf: ____________ ☐

Telefonnummer: *0162 2083 640* E-Mail: *karim@example.org* ☐ *1* ☐

b Welche Frage passt? Ordnen Sie in a zu.

1. Wie ist deine Telefonnummer?
2. Wie ist dein Name?
3. Wie ist deine Adresse?
4. Was bist du von Beruf?
5. Wie ist deine Postleitzahl?
6. Woher kommst du?
7. Wie ist deine E-Mail-Adresse?

c Phonetik: Wortakzent. Klatschen Sie und sprechen Sie die Silben.

1. Vorname
2. Nachname
3. Postleitzahl
4. Adresse
5. Beruf
6. Telefonnummer

1.11

d Hören Sie. Markieren Sie den Wortakzent in c. Sprechen Sie nach. Klatschen Sie.

e Fragen Sie und antworten Sie.

- Vorname.
- Wie ist dein Vorname?
- Mein Vorname ist ...

mein, dein

ich: mein Name/Beruf, meine Adresse/Telefonnummer

du: dein Name/Beruf, deine Adresse/Telefonnummer

5 Woher kommt ihr?

a Lesen Sie. Ergänzen Sie.

- Adresse? Wir verstehen das nicht.
- Adresse bedeutet: Wo wohnt ihr?
- Wir wohnen in der Siemensstraße 12.

Verben

	wohnen	verstehen	! arbeiten	sein
wir	______	______	arbeiten	sind
ihr	______	versteht	arbeitet	seid

b Schreiben Sie Fragen mit *ihr*. Fragen Sie und antworten Sie zu dritt.

wohnen • kommen • heißen • von Beruf sein • machen

- Wo wohnt ihr?
- Ich wohne in ...
- Und ich wohne in ...

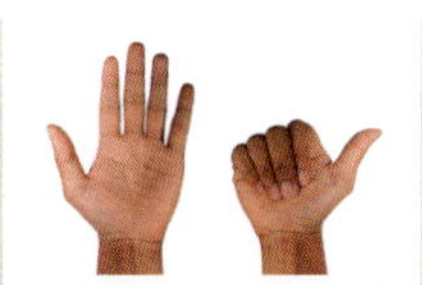
6 sechs

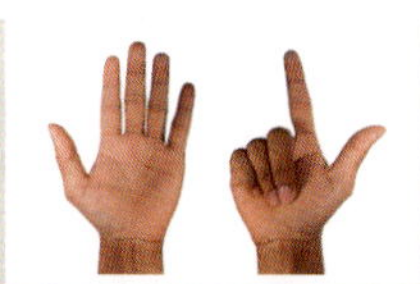
7 sieben

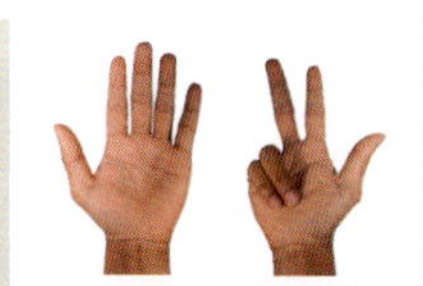
8 acht

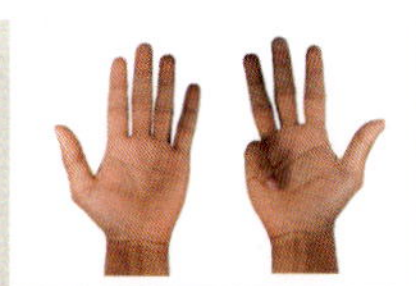
9 neun

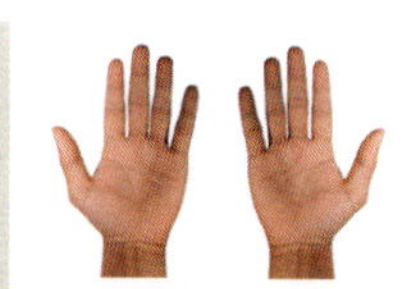
10 zehn

D Ich verstehe das nicht.

1 Beim Altenpflege-Service

a Was denken Sie: Was ist Amalia Rodriguez von Beruf? Sprechen Sie im Kurs.

1. Ärztin
2. Krankenpflegerin

1.12 **b Hören Sie. Kontrollieren Sie Ihre Lösung in a.**

1.12 **c Richtig oder falsch? Hören Sie noch einmal. Kreuzen Sie an.**

	richtig	falsch
1. Amalia Rodriguez ist neu beim Altenpflege-Service.	☐	☐
2. Frau Braun arbeitet auch als Altenpflegerin.	☐	☐
3. Frau Rodriguez spricht nur ein bisschen Deutsch.	☐	☐
4. Frau Braun braucht Hilfe.	☐	☐

1.13 **d Was sagt Amalia Rodriguez? Hören Sie weiter. Helfen Sie Frau Rodriguez. Ergänzen Sie.**

Altenpflege-Service Eterna

ETERNA

Personalformular

Familienname: *Rodriguez* ______

Vorname: ______

Wohnort: *Stuttgart* ______

PLZ: ______

Straße und Hausnummer: ______

Beruf: ______

Telefonnummer: ______

2 Was machen wir?

a Das Verb *schreiben*. Wie sind die Verbformen? Schreiben Sie.

schreiben: ich schreibe, …

07 **b Alles richtig? Sehen Sie das Grammatik-Video. Kontrollieren Sie in a.**

c Was machen wir? Wählen Sie zu zweit ein Verb. Spielen Sie Pantomime. Raten Sie.

studieren • reparieren • tanzen • trinken • schreiben • singen • sprechen

Ihr sprecht.

Nein, ihr singt.

Richtig!

Lernziele: ein Formular ausfüllen • persönliche Angaben weitergeben • Strategie: lange Wörter lernen • Verben: Präsens

3 Lange Wörter lernen

a **Lesen Sie laut.**

Krankenpflegerin – buchstabieren – Telefonnummer – Postleitzahl –

Familienname – Wohnort – Hausnummer

1.14

b **Hören Sie. Sprechen Sie nach.**

c **Welche Wörter in Kapitel 1 und 2 sind für Sie schwer? Suchen Sie und schreiben Sie. Lesen Sie laut.**

4 Entschuldigung, ich brauche Hilfe.

a **Ergänzen Sie.**

Personalformular

Vorname: ______________________ Familienname: ______________________

Beruf: ______________________

Straße und Hausnummer: ____

Wohnort: ______________________ PLZ: ______________________

Telefonnummer: ______________________ E-Mail: ______________________

b **Fragen Sie und antworten Sie. Helfen Sie und ergänzen Sie für Ihre Partnerin / Ihren Partner.**

- Vorname? Ich verstehe das nicht.
- Vorname bedeutet: Wie heißt du?
- Mein Vorname ist ...
- Wie bitte? Wie schreibt man das?

Personalformular

Vorname: ______________________ Familienname: ______________________

Beruf: ______________________

Straße und Hausnummer: ____

Wohnort: ______________________ PLZ: ______________________

Telefonnummer: ______________________ E-Mail: ______________________

c **Alles richtig? Vergleichen Sie Ihr Formular in b mit dem Formular von Ihrer Partnerin / Ihrem Partner in a.**

5 Alles klar? Wollen Sie mehr üben?

a **Was hat Ihnen gefallen? War es schwer? War es leicht? Sprechen Sie im Kurs.**

b **Wiederholen Sie und üben Sie in der App. Wählen Sie A (leichte Übungen) oder B (schwere Übungen).**

1 Magazin

TREFFPUNKT

Heimatort: Deutschland

Viele Menschen kommen aus dem Ausland und leben jetzt in Deutschland. Wo wohnen sie? Und was machen sie beruflich?

Nadia Qani kommt aus Afghanistan, aus Kabul. Sie wohnt jetzt in Frankfurt. Sie ist Chefin bei AHP. Das ist ein Altenpflege-Service.

Karamba Diaby kommt aus dem Senegal, aus Marsassoum. Er wohnt jetzt in Halle und in Berlin. Er ist Politiker von Beruf und er arbeitet in Berlin.

Firas Alshater kommt aus Damaskus, aus Syrien. Er ist Autor: Er schreibt Bücher und er macht Filme. Er macht auch Youtube-Videos. Er wohnt jetzt in Berlin.

1 Heimatort: Deutschland

a **Wer sind die Personen? Arbeiten Sie zu dritt. Wählen Sie eine Person. Die anderen wählen eine andere Person. Lesen Sie. Ergänzen Sie.**

Name: ____________________

Beruf: ____________________

Stadt: ____________________

b **Wer ist Ihre Person? Was macht sie? Erzählen Sie.**

c Projekt. **Kennen Sie eine interessante Person in Deutschland? Suchen Sie im Internet. Schreiben Sie einen Steckbrief wie in a. Erzählen Sie im Kurs.**

Deutschland international

Hendrick Schulze kommt aus Amerika und Lars Althoff kommt aus Russland. Sie sprechen Deutsch. Englisch, Spanisch oder Russisch sprechen Sie aber nicht. Wie bitte? Nur Deutsch? Ja. Amerika ist ein Kontinent und Russland ist ein Land. Es sind aber auch Orte in Deutschland.

Sie wissen: Brasilien ist ein Land in Südamerika. Kanada ist ein Land in Nordamerika. Und Afrika ist ein Kontinent. Sie sind aber auch Orte in Deutschland. Sie glauben das nicht? Wirklich! Das ist interessant, oder?

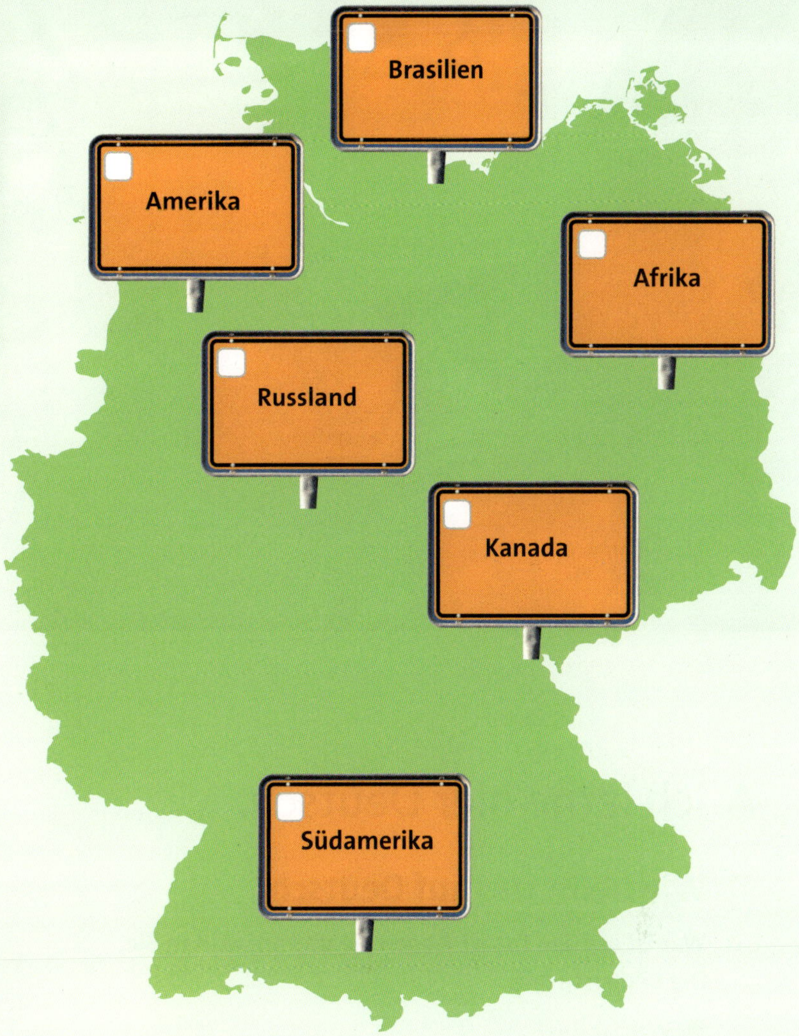

2 Deutschland international

a Ein Kontinent, ein Land oder ein Ort? Kennen Sie die Orte auf der Karte? Sprechen Sie im Kurs.

- Brasilien ist ein Land.
- Stimmt. Und Amerika ist ein ...

1.15 **b Welche Orte sind in Deutschland? Lesen Sie und hören Sie. Kreuzen Sie oben an.**

c Kennen Sie ähnliche Orte in Ihrem oder einem anderen Land? Suchen Sie im Internet. Sammeln Sie im Kurs.

- Europa ist ein Kontinent, aber auch ein Ort in Mexiko, Brasilien, Kolumbien und in den USA.
- Das ist interessant!

3 Orte und Dinge

1

2

3

4
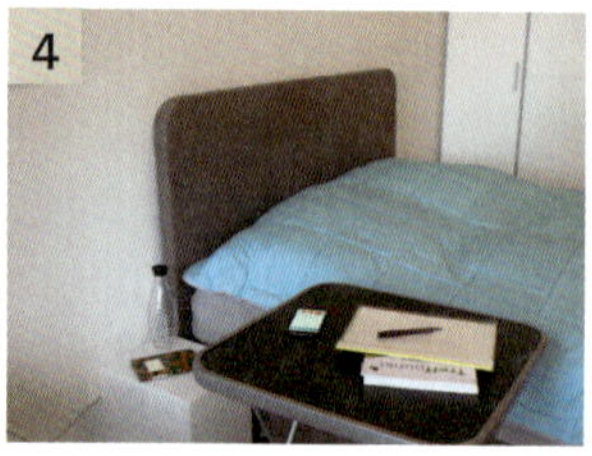

A Ich lerne hier Deutsch.

1 Wie heißt das auf Deutsch?

a Was ist auf den Fotos? Fragen Sie und antworten Sie. Die Bildleiste hilft.

Was ist das?

Das ist eine Tasche.

Was ist das? Wie heißt das auf Deutsch?

Das ist ein … / Das ist eine …

Keine Ahnung. Ich weiß nicht.

1.16

b Phonetik: *a, e, i, o, u*. Hören Sie. Sprechen Sie nach.

1. a: eine Tasche – eine Bank – ein Plakat
2. e: ein Heft – ein Bett – ein Herd
3. i: ein Tisch – ein Stift – wie?
4. o: kommen – wo? – ein Sofa
5. u: und – ein Buch – ein Stuhl

c Kurskette. Zeigen Sie auf Dinge im Kursraum. Fragen Sie und antworten Sie.

Wie heißt das auf Deutsch?

Das ist …

eine/die Tasche

ein/der Tisch

ein/der Stuhl

ein/das Regal

ein/das Heft

ein/der Bleistift

Lernziele: Dinge benennen • fragen, wie etwas auf Deutsch heißt • einen Ort mit einfachen Worten beschreiben •

2 Hier ist eine Bank, aber kein Tisch.

a Welches Foto links passt? Lesen Sie. Schreiben Sie die Namen links.

Guten Tag, ich bin Lin. Ich lerne hier Deutsch: Hier steht ein Bett und ein Schrank. Hier ist ein Tisch und ein Buch, aber kein Stuhl. Ich sitze hier und ich mache hier Hausaufgaben. Ich höre Dialoge.

Hallo, ich bin Angela und das ist Adam. Wir lernen hier Deutsch: Hier ist eine Bank, aber kein Tisch. Hier ist eine Tasche, ein Heft und ein Handy. Wir lernen Deutsch und die Kinder spielen. Wir sprechen Dialoge.

Hi, ich heiße Karim und ich lerne hier Deutsch: Hier steht ein Sofa und ein Tisch, hier ist ein Buch und ein Stift. Und hier ist ein Plakat. Ich lerne: ich bin, du bist, er ist ...

Hallo, ich heiße Todor und ich lerne hier Deutsch: Hier ist ein Herd. Und hier steht ein Tisch und ein Stuhl. Hier ist ein Buch, ein Heft und ein Stift. Ich schreibe viel. Und ich trinke Kaffee – mhm!

b Wer sagt was? Lesen Sie noch einmal in a. Verbinden Sie.

1. Angela und Adam
2. Lin
3. Todor
4. Karim

a Ich lerne: ich bin, du bist ...
b Wir sprechen Dialoge.
c Ich schreibe viel.
d Ich höre Dialoge.

c Lesen Sie noch einmal in a. Unterstreichen Sie alle Artikel: *ein/eine*, *kein/keine*. Der Grammatikkasten hilft.

Artikel: *ein/eine* und *kein/keine*

maskulin (der)	ein/kein Tisch
neutral (das)	ein/kein Heft
feminin (die)	eine/keine Tasche

ein Tisch

kein Tisch

d Was ist hier? Wählen Sie ein Foto links. Sprechen Sie. Ihre Partnerin / Ihr Partner rät.

Hier ist ein Schrank. Hier ist kein ... Das ist Foto 4. Richtig!

3 Hier lerne ich.

a Wo lernen Sie? Was machen Sie dort? Wählen Sie eine Aufgabe (A oder B). Schreiben Sie einen Text wie in 2a. Die App hilft.

A: Wählen Sie ein **Foto in der App** (Foto 1 oder 2).

B: Machen Sie ein **Foto von Ihrem Lernort**.

b Kursspaziergang. Zeigen Sie Ihrer Partnerin / Ihrem Partner Ihr Foto. Erzählen Sie.

ein/der Schrank

ein/der Herd

ein/das Bett

ein/das Sofa

eine/die Bank

ein/das Plakat

B Ich finde, das Regal ist schön.

1 Wo arbeitest du?

a Was sind die Personen von Beruf? Ordnen Sie zu.

Kellnerin/Kellner • Programmiererin/Programmierer • Lageristin/Lagerist

1. ____________ 2. ____________ 3. ____________

1.17 **b Alles richtig? Hören Sie. Kontrollieren Sie in a.**

1.17 **c Wie sind die Dinge? Hören Sie noch einmal. Ergänzen Sie.**

Hier ist ein Laptop. Der Laptop ist ____________. Er ist ____________.

Hier ist ein Regal. Ich finde, das Regal ist nicht ____________, aber es ist ____________.

Hier ist eine Kaffeemaschine. Die Kaffeemaschine ist ____________. Aber sie funktioniert.

08 **d Was fehlt hier? Sehen Sie das Grammatik-Video. Ergänzen Sie.**

	indefiniter Artikel	definiter Artikel	Pronomen
maskulin (der)	ein Laptop	der Laptop	er
neutral (das)	ein Regal	____ Regal	____
feminin (die)	eine Kaffeemaschine	____ Kaffeemaschine	____

2 Was ist das?

a Was ist das? Schreiben Sie Karten wie im Beispiel. Hängen Sie die Karten im Kursraum auf.

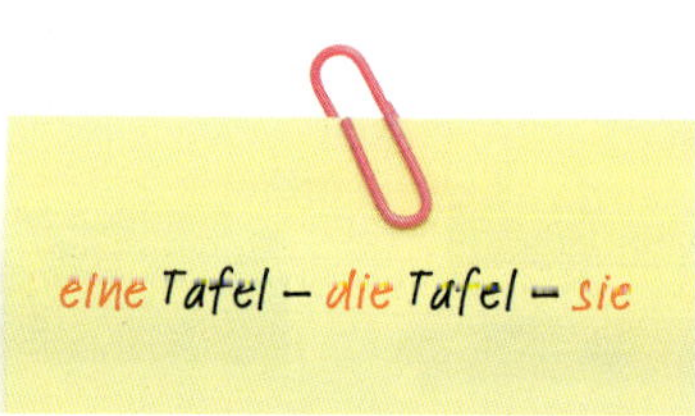

Lernziele: Dinge benennen und beschreiben • sagen, was man wichtig findet • Wortfeld: Dinge am Arbeitsplatz •

b Kursspaziergang: Was ist das? Zeigen Sie. Fragen Sie und antworten Sie.

- Was ist das?
- Das ist ein Stuhl.
- Oh, der Stuhl ist schön.
- Stimmt, er ist schön. / Ja? Ich finde, er ist nicht schön.

3 Das ist wichtig für mich.

09 **a Was ist im Kiosk? Sehen Sie das Video. Kreuzen Sie an.**

1 ☐

die Tür

2 ☐

der Schlüssel

3 ☐

die Kaffeemaschine

4 ☐

das Fenster

5 ☐

die Kasse

6 ☐

das Foto

7 ☐

der Kühlschrank

8 ☐

der Stuhl

9 ☐

das Regal

09 **b Wie sind die Dinge in a? Sehen Sie das Video noch einmal. Erzählen Sie.**

praktisch • wichtig • groß • schön • kaputt • neu • alt • klein

- Der Schlüssel ist ...

09 **c Was und wer ist wichtig? Sehen Sie das Video noch einmal. Ergänzen Sie.**

Für Martina ist wichtig: *der Kiosk*, ____________, ____________, ____________ und ____________.

Für Karim ist wichtig: ____________.

d Was ist wichtig für Sie? Schreiben Sie.

Das Handy ist wichtig für mich. Es ist alt, aber es funktioniert. Ich finde, es ist sehr praktisch.

e Ratespiel: Wer sagt das? Hängen Sie die Texte im Kursraum auf. Lesen Sie. Raten Sie die Person.

C Was kostet die Waschmaschine?

1 Der Herd ist kaputt.

a Wie sind die Möbel? Lesen Sie. Sprechen Sie im Kurs.

Kaufen und verkaufen × +

Spülmaschine **EUR 100**
praktisch, 86 cm hoch,
nur 3 Jahre alt,
Tel. 0231 5325 6667
Dortmund, Bornstraße

Herd **EUR 67**
60 cm breit, alt, die Tür ist ein bisschen kaputt, aber er funktioniert,
Tel. 0162 2090 503
Stuttgart

Kühlschrank **EUR 50**
2 m hoch, 60 cm breit,
10 Jahre alt,
Tel. 089 2158 6800
München

Waschmaschine
86 cm hoch, 60 cm breit, alt,
Tel. 0162 2081 430
Münster, Friedensstraße

1.18

b Hören Sie. Ergänzen Sie.

Waschmaschine

Alter: ______ *Adresse: Münster, Friedensstraße*

Preis: ______

c Formell telefonieren. Was sagt man am Telefon? Was sagt man immer? Lesen Sie. Sprechen Sie im Kurs.

Meier. Guten Tag, hier ist Sevinc. Daniel Ruczinsky. Kim Bauer, guten Tag.

d Was sagt man in Ihrem Land am Telefon? Sprechen Sie im Kurs.

2 Was kostet das?

1.19

a Hören Sie. Zeichnen Sie Pfeile.

21	22	23	24	25
einundzwanzig	zweiundzwanzig	dreiundzwanzig	vierundzwanzig	fünfundzwanzig

b Wählen Sie fünf Zahlen. Schreiben Sie die Zahlen in Ihr Heft. Die Bildleiste hilft.

67 98 52 63 73 31 23 89 87 45 81 26 54 19 91 47 35 58 53 96

c Lesen Sie die Zahlen laut. Ihre Partnerin / Ihr Partner zeigt die Zahlen.

20	30	40	50	60
zwanzig	dreißig	vierzig	fünfzig	sechzig

Lernziele: Kleinanzeigen verstehen • Informationen (Preis, Adresse) am Telefon erfragen • sich am Telefon melden •

d **Wie sagt man die Zahlen in Ihren Sprachen? Vergleichen Sie im Kurs.**

18 81

e **Was passt zusammen? Ordnen Sie zu.**

~~(ein)hundert~~ • zweihundert • neunhunderteinundzwanzig • dreihundert • (ein)hundertfünfzig

100	(ein)hundert	300	______
150	______	921	______
200	______	1000	(ein)tausend

f **Was kostet ...? Lesen Sie noch einmal in 1a. Fragen Sie und antworten Sie.**

- Was kostet ...?
- Wie alt ist ...?
- Wie hoch ist ...?
- Wie breit ist ...?

cm = Zentimeter
m = Meter

3 Ist die Waschmaschine noch da?

a **Lesen Sie zu zweit laut.**

- Meier.
- Guten Tag, hier ist Bauer. Ist die Waschmaschine noch da?
- Ja, sie ist noch da.
- Ich habe zwei Fragen: Wie alt ist die Waschmaschine?
- Sie ist 18 Jahre alt.
- Oh, okay. Und was kostet die Waschmaschine?
- Sie kostet 20 Euro.
- Aha, das ist gut! Wie ist Ihre Adresse?
- Friedensstraße 115, hier in Münster.
- Danke, ich komme.

b **Arbeiten Sie zu zweit. Wählen Sie eine Situation (A oder B). Lesen Sie Text 1 (Kundin/Kunde) in der App. Ihre Partnerin / Ihr Partner liest Text 2 (Verkäuferin/Verkäufer). Führen Sie ein Telefongespräch wie in a.**

A

B

70	80	90	100
siebzig	achtzig	neunzig	(ein)hundert

D Ich arbeite hier.

1 Hallo, Saman!

a Welches Foto passt? Lesen Sie. Ordnen Sie zu.

Hallo, Saman! Ich arbeite jetzt in Stuttgart! 🙂🙂🙂

👍 Super! Was machst du?

Ich arbeite als Näherin. Schau, hier steht ein und ein . Der ist nicht schön, aber er ist praktisch. Und hier ist eine Nähmaschine. Sie ist alt, aber sie funktioniert. Sie ist sehr wichtig für mich. Und hier ist eine Schere – auch sehr wichtig!

Dein Arbeitsplatz ist sehr schön! 👏

Ich repariere jetzt ein Kleid. Das Kleid ist leider ein bisschen kaputt. Es ist schön, oder?

Sehr schön! 😍

b Was denken Sie: Was bedeutet *Kleid*, *Nähmaschine* und *Schere*? Lesen Sie noch einmal. Zeigen Sie auf den Fotos in a.

c Lesen Sie in a zu zweit laut.

2 Mit Wortkarten lernen

a Suchen Sie Nomen in 1a. Schreiben Sie Wortkarten wie im Beispiel.

Lernziele: einen Arbeitsort beschreiben • Strategie: mit Wortkarten lernen, mit dem Wörterbuch arbeiten

b **Wo steht der Artikel? Markieren Sie.**

1

Deutsch	Russisch
Kleid	платье
Nomen (n)	Nomen (n)

2

Deutsch >> Russisch

Kleid n

Kleid платье

3

Kleid *das; -er* ein Kleidungsstück für Frauen ...

m = maskulin

n = neutral

f = feminin

c **Arbeiten Sie mit einem Wörterbuch. Ergänzen Sie die Artikel in a und auf Ihren Wortkarten in Blau, Grün und Orange.**

3 Mein Arbeitsplatz

a **Wo arbeiten Sie? Wählen Sie eine Aufgabe (A oder B). Schreiben Sie. Arbeiten Sie mit dem Wörterbuch.**

A Wählen Sie einen Beruf: **Köchin/Koch** oder **Lehrerin/Lehrer**.

B Ihr Beruf und Ihr Arbeitsplatz

1. Was ist hier?
2. Wie ist es?
3. Was ist wichtig für Sie?

Ich arbeite als ... Ich arbeite hier: Hier ist ...

b **Arbeiten Sie zu zweit. Tauschen Sie die Texte. Verstehen Sie nicht alle Wörter? Arbeiten Sie mit dem Wörterbuch. Schreiben Sie neue Wortkarten.**

der Topf

4 Alles klar? Wollen Sie mehr üben?

a **Was hat Ihnen gefallen? War es schwer? War es leicht? Sprechen Sie im Kurs.**

b **Wiederholen Sie und üben Sie in der App. Wählen Sie A (leichte Übungen) oder B (schwere Übungen).**

4 Familie

1

ich & Peter

2

Opa Georg

_______ Freund von Mama _______

3

Steffi ♥ Christian

4

Sven Hannah Timo

_______ _______ _______ Cousine

A Das ist meine Familie.

1 Wer ist das?

a Was denken Sie: Wer ist das? Sprechen Sie im Kurs. Die Bildleiste hilft.

Wer ist das? — Ich denke, Georg ist der Vater von Martina.

der Vater **von** Martina

1.20 **b Was sagt Felix? Wer ist das? Hören Sie zweimal. Schreiben Sie oben.**

1.21 **c Phonetik: *-er*. Hören Sie. Markieren Sie den Wortakzent.**

die Mutter – der Vater – die Schwester – der Bruder – die Tochter

1.21 **d Hören Sie *-er* am Ende? Hören Sie noch einmal. Sprechen Sie nach.**

e Wortpaare. Sprechen Sie zu zweit wie im Beispiel.

Vater und ... — ... Mutter. Bruder und ...

f Wie heißen die Wörter in Ihren Sprachen? Sammeln Sie im Kurs. Vergleichen Sie.

deutsch	die Mutter	der Vater	die Tante	der Onkel
englisch	mother	father	aunt	uncle
...				

Mutter heißt auf Farsi ...

die Familie

die Mutter der Vater

der Bruder die Schwester

der Großvater die Großmutter

Lernziele: über die Familie sprechen • Wortschatz zur Familie in verschiedenen Sprachen vergleichen • Wortfeld: Familie •

2 Wie viele ... sind das?

a Wie groß ist die Familie von Karim? Lesen Sie. Sprechen Sie im Kurs.

Felix, schau, das ist meine Familie. Hier sind meine Eltern: mein Vater Laith und meine Mutter Ashtar. Mein Vater ist Friseur und meine Mutter ist Näherin. Und das sind meine Geschwister: drei Brüder und fünf Schwestern. Meine Familie ist sehr groß. Ich habe zwölf Onkel und vierzehn Tanten. Und das sind meine 25 Cousinen und 32 Cousins!

Wie? 25 Cousinen und 32 Cousins? Cool!

b Wie viele ...? Lesen Sie noch einmal. Ergänzen Sie.

3 *Brüder*, 5 ____________, 12 ____________,

14 ____________, 25 ____________, 32 ____________

Singular	Plural
(= ein/eine)	*(= zwei und mehr)*
eine Tante	zwei Tanten
ein Bruder	zwei Brüder

c Wie ist der Plural? Ergänzen Sie in der Bildleiste. Arbeiten Sie mit der Wortliste im Übungsbuch. Lernen Sie den Plural auswendig.

d Plural-Spiel. Arbeiten Sie zu dritt. Schreiben Sie die Wörter aus der Bildleiste auf Karten. Ziehen Sie eine Karte. Die anderen sagen den Plural. Wer ist schneller?

- Der Bruder.
- Zwei Bruder.
- Nein. Zwei Brüder.
- Richtig.

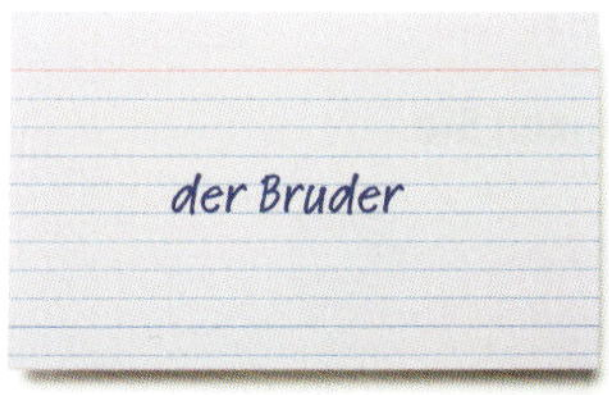

3 Samira erzählt: Das ist meine Familie.

a Arbeiten Sie zu zweit. Wählen Sie einen Text in der App (A oder B). Ihre Partnerin / Ihr Partner wählt den anderen Text. Lesen Sie. Ergänzen Sie. Sie haben nicht alle Informationen.

	Name	Alter	Wohnort	Beruf
	Samira			
Mutter				
Vater				
Schwester				
Schwester				

b Welche Informationen fehlen noch? Fragen Sie und antworten Sie. Ergänzen Sie in a.

- Wie heißt die Mutter von Samira?

c Schreiben Sie einen Text über Samira. Die App hilft. Vergleichen Sie dann zu zweit.

die Tante der Onkel — der Cousin die Cousine — die Eltern (Pl.) — die Großeltern (Pl.) — der Sohn die Tochter

B Ich habe später ein Haus und zwei Kinder.

1 Ich bin ledig.

a Über welche Themen sprechen die Personen? Sehen Sie das Video (Teil 1). Kreuzen Sie an.

1. ☐ Familie
2. ☐ Berufe
3. ☐ Familienstand

Wie ist dein Familienstand?

Ich bin ledig. Ich bin verheiratet. Ich bin geschieden.

b Was passt? Sehen Sie das Video noch einmal. Verbinden Sie.

1. Helen	**a** ist geschieden und hat einen Freund.
2. Karim	**b** hat keine Geschwister.
3. Martina	**c** ist nicht verheiratet.
4. Felix	**d** hat viele Tanten und Onkel.

c Was ist für Karim neu? Sehen Sie das Video noch einmal. Sprechen Sie im Kurs.

2 Wir haben sechs Brüder.

a Lesen Sie in 1b noch einmal. Ergänzen Sie.

Verb: *haben*

ich	habe	wir	haben
du	**hast**	ihr	habt
er/es/sie	____	sie/Sie	haben

b Wie viele ... haben wir zusammen? Arbeiten Sie zu viert. Sprechen Sie wie im Beispiel.

eine Schwester / ... Schwestern • einen Bruder / ... Brüder • eine Tante / ... Tanten • einen Onkel / ... Onkel • eine Cousine / ... Cousinen • einen Cousin / ... Cousins

- Ich habe einen Bruder. Wie viele Brüder hast du?
- Ich habe drei Brüder. Wir haben zusammen vier Brüder.
- Und ich habe zwei Brüder. Das sind zusammen ...

6 Brüder
7 Schwestern
14 ...

c Erzählen Sie.

- Wir haben zusammen sechs Brüder. Und ihr? Wie viele Brüder habt ihr?
- Wir haben ...

Lernziele: über Familienpläne sprechen • Familienmodelle vergleichen • sagen, was man (nicht) hat und was man braucht •

3 Martina hat einen Sohn.

a Richtig oder falsch? Lesen Sie. Kreuzen Sie an.

Senden | An... pjotr@example.com
Betreff: Neuigkeiten

Lieber Pjotr,

wie geht es dir? Mir geht es super! Ich lerne Deutsch und ich habe einen Job. Meine Chefin heißt Martina und sie ist sehr nett. Sie hat einen Kiosk. Alles ist praktisch: die Regale, die Kasse, der Kühlschrank. Nur die Kaffeemaschine ist kaputt: Martina braucht eine Kaffeemaschine. 😉
Sie ist geschieden, aber sie hat einen Sohn. Und sie hat einen Freund – Peter. Der Sohn von Martina heißt Felix. Er hat keine Freundin, er ist Single. Aber vielleicht hat er später eine Familie. 😄
Und du, Pjotr, was machst du? Was denkst du: Wann hast du Familie? Wie viele Kinder hast du später? Ich bin in 15 Jahren bestimmt verheiratet! 😉

Liebe Grüße
Karim

	richtig	falsch
1. Karim hat einen Kiosk.	☐	☐
2. Die Chefin hat einen Ehemann.	☐	☐
3. Der Sohn ist nicht verheiratet.	☐	☐

11 **b Was hat Martina? Sehen Sie das Grammatik-Video. Ergänzen Sie.**

Artikel *ein* und *kein*: Akkusativ

	maskulin (der)	neutral (das)	feminin (die)	Plural (die)
Sie hat	einen/keinen	ein/kein	eine/keine	--/keine
	______	______	______	______

Akkusativ auch bei Verben: brauchen, lieben ...

c Was denken Sie: Was haben Martina, Karim und Helen in 15 Jahren? Schreiben Sie.

das Haus • der Kiosk • das Kind • der Ehemann • die Ehefrau • die Enkel (Pl.) • der Freund • die Freundin • der Garten • das Auto

Karim hat in 15 Jahren vielleicht eine Ehefrau und drei Kinder: einen Sohn und ... Er hat kein ...

12 **d Alles richtig? Sehen Sie das Video (Teil 2). Kontrollieren Sie in b.**

4 Ich habe in 15 Jahren ein Haus.

a Was haben Sie heute? Was haben Sie nicht? Was brauchen Sie? Schreiben Sie.

Ich habe ...
Ich habe kein ... Ich brauche ...

b Was haben Sie in 15 Jahren? Zeichnen Sie ein Bild. Zeigen Sie das Bild. Erzählen Sie.

Ich habe in 15 Jahren vielleicht ...

C Das ist meine Privatsache.

1 Meine Familie ist bunt.

a Wie ist es richtig? Sehen Sie die Grafik an. Korrigieren Sie die Sätze.

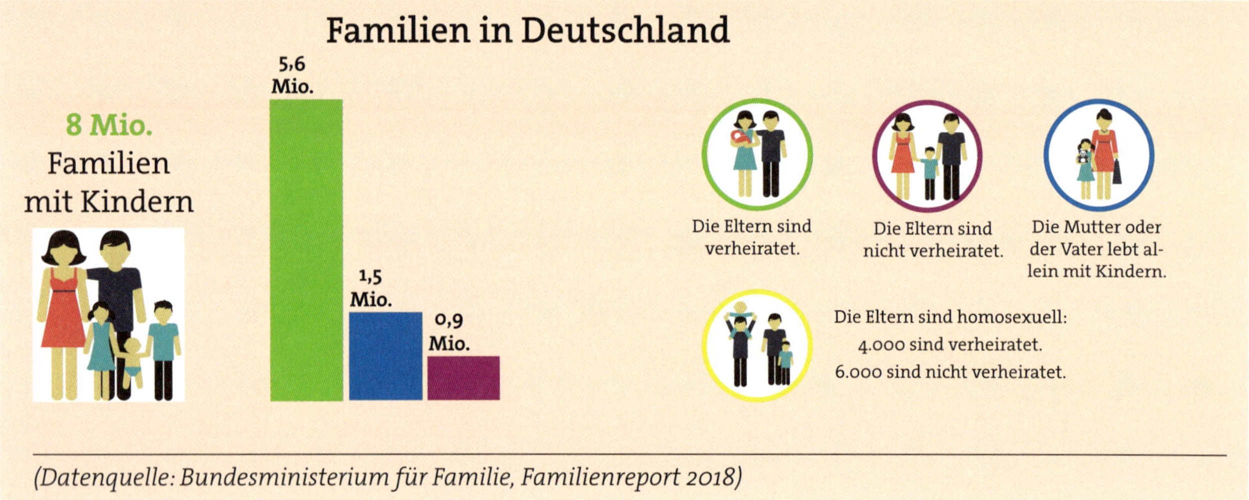

1. Die Eltern sind in 0,9 Millionen Familien verheiratet.
2. Die Eltern sind in 5,6 Millionen Familien geschieden.
3. Die Eltern leben in 1,5 Millionen Familien zusammen.

5,6 Mio.
= 5 Komma 6 Millionen

b Welches Familienmodell aus der Grafik passt zur Familie von Frau Engert? Lesen Sie. Sprechen Sie im Kurs.

Familien in Deutschland

In Deutschland leben acht Millionen Familien und sie sind sehr bunt.
Wir sprechen mit Frau Sina Engert über ihre Familie.

Hallo, Frau Engert. Sie sind neu hier in München. Wie geht es Ihnen?
Gut, danke. München ist toll. Ich kenne auch schon meine Nachbarn. Sie sind sehr nett!

Das ist schön! Frau Engert, was machen Sie in München? Was sind Sie von Beruf?
Ich bin Übersetzerin für Deutsch und Italienisch. Ich arbeite oft zu Hause. Hier sind meine Wörterbücher und mein Laptop. Ich brauche auch oft mein Handy.

Sie wohnen allein?
Nein, ich habe einen Sohn und eine Tochter. Wir wohnen zusammen.

Wie alt sind Ihre Kinder?
Mein Sohn Jannis ist 12 Jahre alt, meine Tochter Lea ist 10. Ich bin geschieden. Die Kinder besuchen oft meinen Ex-Mann. Er wohnt in Stuttgart.

Aha, Sie sind jetzt Single.
Oh nein, ich habe einen Freund – Tom. Er ist auch geschieden. Sein Sohn und seine Ex-Frau wohnen in Augsburg.

Und wo wohnt Ihr Freund?
Entschuldigung, das möchte ich nicht sagen. Das ist meine Privatsache.

Ich verstehe. Frau Engert, wie viele Geschwister haben Sie?
Ich habe eine Schwester. Meine Schwester Naima ist verheiratet. Sie, ihr Mann und ihre Tochter wohnen in Österreich, in Salzburg. Ich besuche meine Schwester gerne.

Interessant! Und was machen Ihre Eltern?
Meine Eltern wohnen in Italien, mein Vater ist Italiener. Meine Eltern haben dort ein Café.

Frau Engert, vielen Dank für das Gespräch.

Lernziele: Informationen über Familienformen in Deutschland verstehen • eine Antwort höflich verweigern • ein Interview über die c **Richtig oder falsch? Lesen Sie in 1b noch einmal. Kreuzen Sie an.**

	richtig	falsch
1. Ihre Nachbarn sind nett.	☐	☐
2. Ihr Freund heißt Jannis.	☐	☐
3. Ihre Schwester hat ein Kind.	☐	☐
4. Ihre Eltern kommen aus Österreich.	☐	☐

13

d **Was passt? Sehen Sie das Grammatik-Video. Ergänzen Sie.**

Der Mann und ________ Vater, ________ Mutter,
________ Kind, ________ Eltern.

Die Frau und ________ Vater, ________ Mutter,
________ Kind, ________ Eltern.

Possessivartikel

ich	mein		
du	dein		
er	sein	sie (Pl.)	ihr
sie	ihr	Sie	Ihr

e **Das ist sein Handy. Arbeiten Sie in Gruppen. Sprechen Sie wie im Beispiel.**

Ist das dein Stift?

Nein, das ist nicht mein Stift. Das ist sein Stift.

2 Ich besuche meine Eltern gerne.

a **Was passt? Lesen Sie in 1b noch einmal. Ergänzen Sie.**

Possessivartikel: Nominativ und Akkusativ

	maskulin (der)	neutral (das)	feminin (die)	Plural (die)
Nominativ	mein Mann	mein Handy	meine Schwester	meine Nachbarn
Akkusativ	meinen Mann	________ Handy	________ Schwester	________ Nachbarn

► *auch:* dein, sein, ihr, ihr (Pl.), Ihr

b **Gleich oder anders? Vergleichen Sie *mein* und *ein/kein* auf Seite 37. Sprechen Sie im Kurs.**

1.22

c **Phonetik: *-e* und *-en*. Hören Sie. Sprechen Sie nach.**

1. ein – eine – einen
2. mein – meine – meinen
3. sein – seine – seinen
4. ihr – ihre – ihren
5. meine Tanten – meine Cousinen
6. Ich besuche oft meine Tanten und Cousinen.

d **Wählen Sie eine Aufgabe (A oder B). Schreiben Sie Antworten. Bei Aufgabe A hören Sie.**

1.23

A Familie von Martina Schmittke

1. Wie groß ist Ihre Familie?
2. Wie ist Ihr Familienstand?
3. Wie viele Kinder haben Sie?

B Meine Familie

4. Wie viele Geschwister haben Sie?
5. Wo wohnt Ihre Familie?
6. Wen besuchen Sie oft?

e **Machen Sie ein Interview. Fragen Sie und antworten Sie. Arbeiten Sie mit den Informationen aus d.**

Wie groß ist Ihre Familie?

Meine Familie ist ... Ich habe ...

Entschuldigung, das ist privat. Das möchte ich nicht sagen.

Bitte, das ist meine Privatsache.

D Das Elfchen ist schön!

1 Wörter, Sätze, Gedichte.

a Welche Wörter finden Sie? Markieren Sie. Schreiben Sie.

einen|teuergeschiedenschwesterverheiratetbraucheregalseinzusammen

einen, ____

____

b Welche Wörter aus a passen? Lesen Sie. Ergänzen Sie.

1.24

c Hören Sie. Kontrollieren Sie in b.

Lernziele: ein Gedicht (Elfchen) verstehen und schreiben • Strategie: Wörter in Wortfeldern lernen

2 Wörter in Wortfeldern lernen

a Welche Wörter in 1b passen? Arbeiten Sie in drei Gruppen. Wählen Sie ein Thema. Machen Sie ein Plakat mit den Wörtern in 1b. Manche Wörter passen mehrmals.

Familie	Beruf	Dinge
die Mutter	kochen	der Tisch
…	…	…

b Welche Wörter kennen Sie noch? Sammeln Sie in Gruppen.

c Welche Wörter sind für Sie noch wichtig? Hängen Sie die Plakate auf. Ergänzen Sie eigene Wörter. Arbeiten Sie mit dem Wörterbuch.

3 Das ist mein Elfchen.

a Wie schreibt man ein Elfchen? Lesen Sie in 1b noch einmal. Ergänzen Sie.

Zeile 1: ein Wort

Zeile 2: zwei Wörter

Zeile 3: ______________________

Zeile 4: ______________________

Zeile 5: ______________________

elf Wörter = Elfchen

b Wählen Sie ein Foto (A, B oder C). Schreiben Sie ein Elfchen. Die Wörter aus 2 helfen.

A

B

C

c Alles richtig? Arbeiten Sie zu viert. Lesen Sie Ihre Elfchen vor. Kontrollieren Sie gemeinsam.

Das Elfchen ist super. Alles richtig.

Das Elfchen ist schön. Aber richtig ist: Ich habe *einen* Bruder, nicht *ein* Bruder.

d Lernen Sie Ihr Elfchen auswendig. Tragen Sie es im Kurs vor.

4 Alles klar? Wollen Sie mehr üben?

a Was hat Ihnen gefallen? War es schwer? War es leicht? Sprechen Sie im Kurs.

b Wiederholen Sie und üben Sie in der App. Wählen Sie A (leichte Übungen) oder B (schwere Übungen).

TREFFPUNKT

Sarah Connor:

Leben mit Familie & Musik

Ein Gespräch mit Teresa Wald-Sanchez, Musikexpertin

Viele Menschen finden Sarah Connor toll. Frau Wald-Sanchez, was sagen Sie?

Ich finde ihre Musik super! Sarah singt und sie schreibt auch Lieder. Ich höre ihre Musik sehr gern.

Sie singt auf Deutsch und auf Englisch.

Ja, das ist richtig. Der Vater von Sarah kommt aus den USA, ihre Mutter kommt aus Deutschland. Sarah spricht Deutsch und sehr gut Englisch. Die Familie von Sarah ist interessant.

Ah, warum?

Na ja, sie hat viele Geschwister: Sie hat vier Schwestern und drei Brüder. Und sie hat auch Kinder.

Wie viele Kinder hat sie?

Sarah hat vier Kinder. Sie hat mit Marc Terenci zwei Kinder. Er ist ihr Ex-Mann. Sie ist jetzt mit Florian Fischer verheiratet. Er arbeitet als Musikproduzent. Sarah und ihr Mann Florian haben auch zwei Kinder. Sie leben zusammen in Berlin.

Vielen Dank.

1 Sarah Connor: Leben mit Familie & Musik

a Was macht Sarah Connor? Was ist sie von Beruf? Sprechen Sie im Kurs.

b Richtig oder falsch? Lesen Sie. Kreuzen Sie an.

	richtig	falsch
1. Sarah Connor spricht Deutsch und Englisch.	☐	☐
2. Ihre Mutter kommt aus den USA.	☐	☐
3. Sarah Connor hat sieben Geschwister.	☐	☐
4. Sarah Connor hat vier Kinder.	☐	☐

c Kennen Sie ein Lied von Sarah Connor? Hören Sie ein Lied im Internet. Wie finden Sie das Lied? Sprechen Sie.

Das Lied heißt ... Ich finde das Lied ...

Freizeittipp:

Museum der Dinge

Welche Dinge sind wichtig und welche sind nicht so wichtig? Das *Museum der Dinge* hat viele Dinge: 50.000! Man findet hier Tassen, Stühle, Sofas, Taschen, Postkarten und viele andere Objekte. Viele Objekte sind sehr alt (200 Jahre), andere neu. Und die Menschen diskutieren hier oft: Sind die Dinge schön? Oder nicht so schön? Die Antworten sind unterschiedlich – wie die Menschen auch.

Werkbundarchiv – Museum der Dinge

Oranienstraße 25
10999 Berlin
6 € / ermäßigt 4 € / Kinder bis 18 Jahre kostenlos

Wir fragen: Was ist Ihr Lieblingsding?

Max, 38 Jahre
Das Handy ist wichtig für mich. Ich brauche das Handy sehr oft: Ich telefoniere oft und ich fotografiere meine Frau, meine Kinder und meine Freunde. Viele Fotos sind lustig, aber sie sind privat – nur für meine Familie. Die Kinder haben in zwanzig Jahren vielleicht auch Familie. Dann sind die Fotos interessant für meine Kinder und für meine Enkel.

Niza, 29 Jahre
Mein Lieblingsding ist eine Postkarte aus Georgien. Auf der Postkarte ist meine Stadt in Georgien: Tiflis. Ich komme aus Tiflis. Ich habe die Postkarte von Anna. Sie ist meine Freundin und sie wohnt auch in Tiflis. Wir telefonieren und chatten oft. Ich finde die Postkarte sehr schön, sie steht in meinem Regal.

2 Museum der Dinge

a Was wissen Sie über das Museum? Lesen Sie. Markieren Sie im Text.

1. Wie viele Dinge hat das Museum?
2. Wo ist das Museum?
3. Wie viel kostet eine Karte?

b Wie finden Sie das Museum? Sprechen Sie im Kurs.

3 Was ist Ihr Lieblingsding?

1.25

a Max oder Niza? Lesen Sie und hören Sie. Ergänzen Sie.

1. ____________ chattet oft.
2. ____________ fotografiert gern.
3. ____________ braucht das Lieblingsding sehr oft.
4. ____________ hat das Lieblingsding im Zimmer.

b Projekt. Was ist Ihr Lieblingsding? Machen Sie ein Foto. Zeigen Sie das Foto. Erzählen Sie.

5 Alltag und Freizeit

________ *am Vormittag* ________ ________ ________ *in der Nacht*

A Hast du Zeit?

1 Ich spiele gern Tischtennis.

a Was machen Helen und Todor? Sprechen Sie im Kurs. Die Bildleiste hilft.

b Was machen Sie gern? Was machen Sie nicht gern? Sprechen Sie im Kurs. Die Bildleiste hilft.

Ich spiele gern Tischtennis. Ich putze nicht gern.

c Wann? Ordnen Sie oben zu.

am Abend • am Mittag • am Nachmittag • am Morgen • ~~am Vormittag~~

Wann?
am Morgen in der Nacht

d Was machen Sie jeden Tag? Schreiben Sie. Fragen Sie und antworten Sie.

Mein Tag: am Morgen duschen und frühstücken

Was machst du am Morgen?
Ich dusche und frühstücke. Und du?

2 Was machst du heute?

1.26

a Was macht Helen? Hören Sie. Verbinden Sie.

1. Am Morgen: a Sie arbeitet.
2. Am Vormittag: b Sie trinkt einen Kaffee.
3. Am Nachmittag: c Sie repariert den Kühlschrank.
4. Am Abend: d Sie hat frei. Sie kauft Lebensmittel und telefoniert.

Tischtennis spielen

zur Arbeit gehen

ins Bett gehen

frühstücken

duschen

Lebensmittel kaufen

Lernziele: über Alltagsaktivitäten sprechen • sagen, was man (nicht) gern macht • sich verabreden • Wortfeld: Alltagsaktivitäten, Tageszeiten •

1.26 **b** ***Ja* oder *nein*? Was antworten Helen und Todor? Hören Sie noch einmal. Ergänzen Sie.**

1. Arbeitest du heute am Nachmittag? ____
2. Hast du am Nachmittag Zeit? Ja.
3. Braucht Martina Hilfe? ____
4. Spielen wir am Nachmittag Tischtennis? ____

14 **c Sehen Sie das Grammatik-Video. Ergänzen Sie.**

Ja-/Nein-Fragen

____	du	am Nachmittag Zeit?	Ja.
____	du	heute?	Nein.
____	____	____	____

d Was machen Sie heute? Schreiben Sie drei Ja-/Nein-Fragen mit den Verben in der Bildleiste.

e Kursspaziergang. Fragen Sie und antworten Sie. Antwortet Ihre Partnerin / Ihr Partner *Ja*? Dann unterschreibt sie/er. Antwortet sie/er *Nein*? Dann fragen Sie eine weitere Person.

f Wer macht heute was? Berichten Sie im Kurs.

Ahmad kauft am Nachmittag Lebensmittel.

3 Ich habe heute keine Zeit.

a Was macht Karim am Nachmittag? Lesen Sie. Sprechen Sie im Kurs.

Helen 7:42
Hallo, Karim! Wie geht es dir? Todor und ich trinken Kaffee. Wir spielen am Nachmittag Tischtennis. Kommst du auch? Hast du heute Zeit?

Karim 9:35
Hallo, Helen! Ich mache gern Sport. Aber ich habe heute keine Zeit. Ich habe Deutschkurs. Und ich arbeite am Nachmittag. Dann putze ich und ich lerne am Abend!

Helen 10:03
Oh, schade. Und arbeitest du auch morgen oder hast du frei?

b Hast du Zeit? Arbeiten Sie zu zweit. Schreiben Sie eine Nachricht wie in a an Ihre Partnerin / Ihren Partner. Die App hilft.

c Tauschen Sie die Texte. Schreiben Sie eine Antwort.

Ja, ich komme gern. Ich habe Zeit.

Nein, ich komme leider nicht. Ich habe keine Zeit.
Ich arbeite ... / Ich habe ... / ...

telefonieren

putzen

im Internet surfen

Musik hören

kochen

schlafen

B Das sind meine Tipps.

1 Die Stadt ist toll.

a Was machen Sie hier? Schreiben Sie zu zweit. Die Bildleiste hilft.

1

2

3

4

5

6

1. Musik hören, Fahrrad fahren, laufen ...

b Welches Foto in a passt? Lesen Sie. Ordnen Sie zu.

Mein Mannheim × +

Wer bin ich? | Freizeit in Mannheim | Arbeiten in Mannheim

Herzlich willkommen in Mannheim!

Mannheim ist toll und nie langweilig! Die Stadt ist sehr bunt: Hier wohnen Leute aus 166 Ländern. Das sind meine Tipps. Viel Spaß!

☐ Der Luisenpark: Machst du gern ein Picknick? Grillst du gern? Dann ist der Luisenpark interessant für dich. Du findest hier auch einen Zoo und einen chinesischen Garten. Der chinesische Garten hat ein Teehaus. Trinkst du gern Tee aus China? Lecker! 😋 ☕

☐ Das Herschelbad: Ist Schwimmen dein Hobby? Das Schwimmbad ist 100 Jahre alt und sehr schön. Der Eintritt kostet am Abend nur 2 Euro.

☐ Der Waldpark: Fährst du gern Fahrrad? Oder läufst du gern? Spielst du gern Fußball? Viele Leute machen hier einen Spaziergang. Schläfst du nicht sehr lang? Der Waldpark ist am Morgen sehr schön. 😉

☐ Little Istanbul: Die Straßen in Little Istanbul sind international. Du findest hier viele Friseure und Cafés. Trinkst du gern einen Kaffee aus der Türkei? Isst du gern international? Hier findest du alles.

☐ Das Cineplex: Siehst du gern Filme? Das Kino ist sehr groß und modern. Die Filme sind oft auf Englisch. Ich lerne Englisch im Kino! 😀

☐ Die Stadtbibliothek: Liest du gern? Brauchst du ein Buch? Perfekt! Die Bibliothek hat zwei Millionen Bücher. Triffst du gern Leute? Sprichst du viele Sprachen? Im Sprachcafé hörst du alles: Deutsch, Kurdisch, Englisch, Polnisch, Arabisch ...

einen Film sehen

Fahrrad fahren

laufen

essen

Leute treffen

ein Buch lesen

Lernziele: über Freizeitaktivitäten sprechen • Informationen zu einer Stadt verstehen • Tipps geben • Wortfeld: Freizeitaktivitäten •

c Lesen Sie noch einmal in b. Ergänzen Sie.

Unregelmäßige Verben

	sprechen *(e → i)*	**sehen** *(e → ie)*	**fahren** *(a → ä)*	**laufen** *(au → äu)*
ich	spreche	sehe	fahre	laufe
du	sprichst	___	___	___
er/es/sie	spricht	sieht	fährt	läuft
wir	sprechen	sehen	fahren	laufen
ihr	sprecht	seht	fahrt	lauft
sie/Sie	sprechen	sehen	fahren	laufen
	auch: helfen, ___, ___	*auch:* ___	*auch:* ___	

d Welche Verben passen? Ergänzen Sie in c.

~~helfen~~ • essen • lesen • treffen • schlafen

e Wer macht was gern? Lesen Sie. Schreiben Sie.

Neu in Mannheim

Dario: Ich esse gern international: asiatisch, italienisch, marokkanisch. Alles lecker! Hast du einen Tipp für mich?

Tatjana: Hallo. Ich mache sehr gern Sport. Also, ich spiele gern Fußball und ich fahre gern Fahrrad. Wo machst du in Mannheim Sport?

Mohamed: Ich bin neu hier und ich brauche einen Tipp. Ich treffe gern Leute und ich spreche Deutsch, Arabisch und Französisch.

Maria: Hast du auch einen Tipp für mich? Ich sehe in der Freizeit gern Filme.

Yola: Meine Tochter und ich schwimmen gern. Wir brauchen einen Tipp! Danke!

Dario isst gern international.

1.27

f Phonetik: *a, ä, e, i*. Hören Sie. Sprechen Sie nach.

1. aaaa – ääää   ich schlafe – er schläft   ich fahre – sie fährt
2. eeee – iiii   ich sehe – er sieht   ich treffe – sie trifft   ich esse – er isst

g Welcher Ort in b passt? Was ist interessant für die Personen in e? Sprechen Sie zu zweit.

Was ist für Dario interessant?   Little Istanbul. Dario isst gern international.

2 Hast du einen Tipp?

Was macht Ihre Partnerin / Ihr Partner gern in der Freizeit? Fragen Sie. Geben Sie einen Tipp.

Was machst du gern?   Ich lese gern.   Gut. Die Bibliothek ist interessant für dich.

mit Freunden sprechen

schwimmen

einen Spaziergang machen

ein Picknick machen

Fußball spielen

grillen

C Boxen macht Spaß!

1 Wann ist der Boxkurs?

a Lesen Sie. Antworten Sie.

FINDEST DU BOXEN INTERESSANT?

Hier lernen alle boxen: Kinder, Frauen und Männer.
Boxen macht Spaß!

Boxverein Kreuzberg

Boxkurse

Kinderkurse (6 bis 16 Jahre): am Montag, Dienstag, Donnerstag, Freitag (Nachmittag)
Frauenkurse: am Dienstag und Donnerstag (Abend)
Männerkurse: am Mittwoch und Freitag (Abend)
Kurse für Frauen und Männer: am Wochenende (Vormittag)

Was noch?

Hausaufgabenhilfe
Wir helfen bei den Hausaufgaben.
Für alle Kinder und Jugendlichen:
am Montag, Dienstag, Donnerstag und Freitag (Nachmittag)

Grillen
Wir grillen zusammen am Samstagabend.

Preise im Monat

8 € für Kinder und Jugendliche
10 € für Frauen und Männer

Anmeldung:

info.boxverein@example.net
Boxverein Kreuzberg, Ringstraße 61, 10961 Berlin

1. Welche Kurse hat der Boxverein?
2. Wie viel kosten die Boxkurse?
3. Wo ist der Boxverein?
4. Was macht der Boxverein noch?

b Ist Boxen für Sie interessant? Sprechen Sie im Kurs.

Ich finde Boxen interessant.

Ich finde Boxen nicht interessant. Ich spiele gern Fußball.

c Die Woche im Boxverein. Wann ist was? Lesen Sie noch einmal in a. Ergänzen Sie.

	Montag	Dienstag	Mittwoch	Donnerstag	Freitag	Samstag	Sonntag
Vormittag							
Nachmittag	*Kinderkurs, ...*						
Abend							

Mädchen und Jungen trainieren am Montagnachmittag.

Kinder machen am ... Hausaufgaben.

Wann?
am Montag/Dienstag/...
am Wochenende
am Dienstagabend (am Dienstag + am Abend)

Lernziele: über Freizeitaktivitäten sprechen • einen Werbeflyer verstehen • Informationen weitergeben •

d Kursspaziergang. Was machen Sie am ...? Fragen Sie fünf Personen. Schreiben Sie.

Was machst du am Montagvormittag?

Ich arbeite.

	Mo	Di	Mi	Do	Fr	Sa	So
Vormittag	Ian: arbeiten						
...							

e Berichten Sie im Kurs.

Ian arbeitet am Montagvormittag. Er ...

2 Ich komme auch.

15 **a Was ist richtig? Sehen Sie das Video. Kreuzen Sie an.**

1. ☐ Helen und Todor spielen Tischtennis und alle boxen.
2. ☐ Helen und Todor spielen Tischtennis. Karim und Todor boxen.
3. ☐ Alle spielen Tischtennis. Helen und Karim boxen.

b Wer sagt was? Ordnen Sie zu.

Nein, nicht so gern. • Das ist langweilig. • Das ist interessant. • Das macht Spaß. • Ich weiß nicht.

1

2

3

______________________ ______________________ ______________________

______________________ ______________________

15 **c Sehen Sie das Video noch einmal. Kontrollieren Sie in b.**

d Welche Gestik und Mimik machen Sie in den Situationen in b? Zeigen Sie im Kurs.

e Arbeiten Sie zu viert. Wählen Sie eine Rolle in der App (A, B, C oder D). Spielen Sie Dialoge.

Ich spiele heute Nachmittag Fußball. Kommt ihr auch?

Fußball? Nein, nicht so gern. Das ist langweilig.

Oh, schade.

Fußball macht Spaß. Ich komme.

Hm, ich weiß nicht.

Ach nein, nicht so gern.	Das ist interessant.
Das ist langweilig.	Ich komme auch.
Ich weiß nicht.	Das macht Spaß.

D Mein Hobby ist auch mein Beruf.

1 Mein Hobby? Meine Arbeit!

a Welche Frage passt? Lesen Sie. Ordnen Sie zu.

Wann sind Ihre Kurse? • Was unterrichten Sie? • Was machen Sie in Ihrer Freizeit? • Haben Sie noch einen Beruf?

Mein Hobby? Meine Arbeit!

Elena Petridis arbeitet als Tanzlehrerin. Für sie ist Tanzen ein Beruf und auch ein Hobby. Wir sprechen mit Frau Petridis über ihre Arbeit.

Hallo, Frau Petridis! Tanzen ist für mich ein Hobby. Sie tanzen aber in Ihrer Freizeit und beruflich.
Stimmt. Mein Hobby ist auch mein Beruf: Ich arbeite auch als Tanzlehrerin.

____

Ich unterrichte Tänze aus Griechenland. Ich komme aus Griechenland. Meine Eltern und mein Bruder tanzen auch sehr gern. In Griechenland haben wir 150 Tänze! Ich finde zwei Tänze toll: Sirtaki und Tsamikos.

____

Am Mittwoch und am Freitag, am Abend.

Frau Petridis und ihr Mann tanzen gern.

Frau Petridis tanzt auch beruflich.

____

Ja, ich arbeite auch als Programmiererin. Die Arbeit macht Spaß, aber ich arbeite viel am Computer. Als Tanzlehrerin treffe ich am Abend Leute und tanze. Und ich höre Musik aus Griechenland. Das finde ich toll!

____

Ach, ich habe viele Hobbys: Ich mache sehr gern Sport. Ich laufe jeden Tag und ich fahre Fahrrad. Ich sehe auch gern Filme. Am Wochenende schlafe ich gern lange. Und ich tanze natürlich gern! Mein Mann auch. Wir finden Tänze aus Kolumbien und Argentinien sehr schön.

Vielen Dank!

b Was macht Elena Petridis? Machen Sie Notizen.

beruflich	in der Freizeit
als ... arbeiten	...
Tänze aus Griechenland unterrichten	
...	

Lernziele: über Freizeitaktivitäten und Berufe sprechen • ein Interview verstehen • Strategie: mit Verblisten arbeiten c **Sind die Verben regelmäßig oder unregelmäßig? Markieren Sie in b. Arbeiten Sie mit der Verbliste im Anhang.**

d **Arbeiten Sie in vier Gruppen. Machen Sie vier Plakate. Sammeln Sie unregelmäßige Verben.**

e → i	e → ie	a → ä	au → äu
treffen: du triffst, er/es/sie trifft			

e **Was macht Frau Petridis gern? Arbeiten Sie mit Ihren Notizen aus b. Sprechen Sie zu zweit.**

Eleni Petridis tanzt gern.

Sie tanzt gern und sie ...

f **Was mache ich? Arbeiten Sie mit den Verben aus d. Spielen Sie Pantomime. Raten Sie.**

Du liest ein Buch!

Nein, leider falsch.

Du siehst einen Film.

Ja, richtig.

2 Was unterrichtet ...?

a **Arbeiten Sie zu zweit. Wählen Sie eine Aufgabe (A oder B). Ihre Partnerin / Ihr Partner wählt die andere Aufgabe. Hören Sie oder lesen Sie in der App. Schreiben Sie Antworten.**

1.28

Arif Schöneberg
Musiklehrer
A

Alexa Makeeva
Schwimmlehrerin
B

1. Was unterrichtet ...?
2. Wann sind die Kurse?
3. Ist das ihr/sein Beruf?
4. Was macht ... in der Freizeit?

b **Fragen Sie und antworten Sie.**

Was unterrichtet Frau Makeeva?

Sie unterrichtet ...

3 Alles klar? Wollen Sie mehr üben?

a **Was hat Ihnen gefallen? War es schwer? War es leicht? Sprechen Sie im Kurs.**

b **Wiederholen Sie und üben Sie in der App. Wählen Sie A (leichte Übungen) oder B (schwere Übungen).**

6 Arbeitszeiten

Es ist halb zwölf.

Es ist halb zehn.

Es ist halb elf.

A Ich habe um zehn Uhr Feierabend.

1 Wie viel Uhr ist es?

a Wie viel Uhr ist es in ...? Welche Uhr passt? Sprechen Sie im Kurs. Die Bildleiste hilft.

Es ist halb zwölf. Das ist in ...

1.29

b Hören Sie die Uhrzeiten in der Bildleiste. Sprechen Sie nach.

c Zeigen Sie unten auf eine Uhr. Fragen Sie und antworten Sie.

Wie viel Uhr ist es?

Es ist Viertel vor zehn.

Wie viel Uhr ist es? / Wie spät ist es?

Es ist neun Uhr. / Es ist neun.

! Es ist ein Uhr. / Es ist eins.

d Kursspaziergang. Malen Sie eine Uhr auf einen Zettel. Fragen Sie und antworten Sie wie in c. Tauschen Sie immer Ihre Zettel.

e Wie viel Uhr ist es jetzt in Ihrem Land? Sprechen Sie im Kurs.

Ich komme aus ... Es ist dort jetzt ...

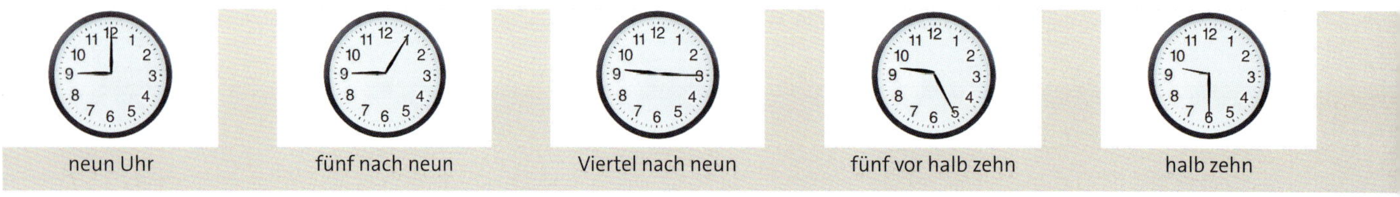

Lernziele: den Tagesablauf beschreiben • nach der Uhrzeit fragen • die Uhrzeit nennen • Wortfeld: Tätigkeiten am Arbeitsplatz •

2 Wann? Um halb zehn.

a Was macht Felix? Schreiben Sie zu jedem Foto zwei Sätze.

das Essen kochen • arbeiten (2x) • die Küche putzen • im Internet surfen • mit Kollegen Kaffee trinken • Pause haben (2x)

1 
2 
3 
4 

1. Felix arbeitet. Er ...

1.30 **b Was macht Felix wann? Hören Sie. Ordnen Sie die Bilder in a zu.**

am Vormittag: _1_, ___ am Nachmittag: ___ am Abend: _1_, ___, ___

1.30 **c Was passt? Hören Sie noch einmal. Kreuzen Sie an.**

1. Die Arbeit beginnt um ...
   a ☐  b ☐ 
2. Felix hat Pause um ...
   a ☐  b ☐ 
3. Er geht nach Hause um ...
   a ☐  b ☐ 
4. Die Arbeit beginnt am Abend um ...
   a ☐  b ☐ 
5. Er hat Pause am Abend um ...
   a ☐  b ☐ 
6. Er hat Feierabend um ...
   a ☐  b ☐ 

d Wann? Fragen Sie und antworten Sie. Arbeiten Sie mit den Informationen in c.

- Wann beginnt die Arbeit von Felix?
- Am Morgen um ...

> **Wann?**
> um zehn Uhr

3 Die Arbeit von Lea Okray beginnt um ...

a Arbeiten Sie zu zweit. Wählen Sie einen Text in der App (A oder B). Ihre Partnerin / Ihr Partner wählt den anderen Text. Lesen Sie. Schreiben Sie Antworten.

1. Wann beginnt die Arbeit von Lea Okray?
2. Was macht sie?
3. Wann beginnt die Pause am Vormittag?
4. Wann beginnt die Mittagspause?
5. Wann hat sie Feierabend?
6. Was macht sie am Abend?

b Welche Informationen fehlen in Ihrem Text? Fragen Sie und antworten Sie.

c Schreiben Sie zu zweit einen Text über Lea. Vergleichen Sie dann zu viert.

fünf nach halb zehn

zwanzig vor zehn

Viertel vor zehn

fünf vor zehn

zehn Uhr

Präposition *um* (+ Uhrzeit)

B Karim macht das Licht an.

1 Wo ist Martina?!

16 **a** **Was macht Karim? Sehen Sie das Video (Teil 1). Kreuzen Sie in der Bildleiste an.**

b **Was passt zusammen? Verbinden Sie.**

1. Karim macht	a die Arbeitskleidung an.
2. Er macht	b die Tür auf.
3. Er zieht	c das Essen vor.
4. Er räumt	d Martina an.
5. Er bereitet	e das Licht an.
6. Er ruft	f im Kiosk auf.

c **Sehen Sie die Fotos in der App an. Sprechen Sie die Sätze in b dazu.**

Karim macht die Tür auf.

2 Karim macht die Tür auf.

17 **a** **Was fehlt hier? Sehen Sie das Grammatik-Video. Ergänzen Sie.**

Trennbare Verben

	Position 2		Satzende
Er	räumt	heute im Kiosk	________.
Er	________	die Chefin	________.
Wann	kaufst	du	ein?

auch: zu|machen, an|machen, aus|machen, an|ziehen, aus|ziehen, auf|räumen, vor|bereiten

1.31 **b** **Phonetik: Wortakzent. Hören Sie die Verben in der Bildleiste. Sprechen Sie nach.**

aufmachen – er macht auf

☐ auf|machen

☐ zu|machen

☐ ein|kaufen

☐ an|machen

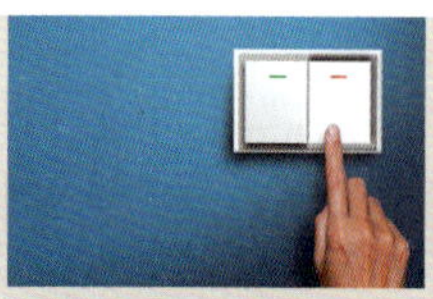

☐ aus|machen

Lernziele: Tätigkeiten am Arbeitsplatz beschreiben • Öffnungszeiten in verschiedenen Ländern vergleichen •

c **Arbeiten Sie zu viert. Schreiben Sie einen Satz mit einem Verb aus der Bildleiste auf Karten.**

d **Bewegte Sätze. Tauschen Sie Ihre Karten mit einer anderen Gruppe. Bilden Sie den Satz.**

3 Was macht Martina?

a **Was denken Sie: Warum ist Martina nicht im Kiosk? Schreiben Sie vier Sätze.**

1. im Supermarkt ein|kaufen

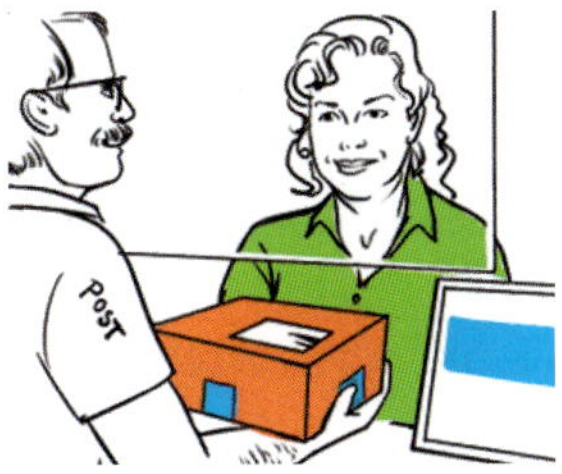

2. ein Paket ab|holen

3. spät auf|stehen

4. zu Hause auf|räumen

1. *Martina* ______________________
2. ______________________
3. ______________________
4. ______________________

b **Lesen Sie die Sätze zu zweit laut.**

Martina kauft im Supermarkt ...   ... ein.

18

c **Warum ist Martina nicht im Kiosk? Sehen Sie das Video (Teil 2). Sprechen Sie im Kurs.**

d **Wann haben Geschäfte in Deutschland und in anderen Ländern geschlossen? Sprechen Sie zu viert.**

Viele Geschäfte in Deutschland haben am ... geschlossen.

Stimmt. Und der Friseur hat oft am ... geschlossen.

Bei uns haben die Supermärkte nie geschlossen.

e **Was macht Karim? Schreiben Sie.**

1. *Karim räumt ...* ______________________
2. ______________________
3. ______________________
4. ______________________

das Essen aufräumen • die Arbeitskleidung ausziehen • das Licht ausmachen • die Tür zumachen

18

f **Sehen Sie das Video (Teil 2) noch einmal. Sprechen Sie die Sätze zum Video.**

☐ an|ziehen

☐ aus|ziehen

☐ auf|räumen

☐ vor|bereiten

☐ an|rufen

C Wann fängt die Frühschicht an?

1 Ich habe am Montag Frühschicht.

a Was denken Sie: Wann arbeiten die Personen? Sammeln Sie im Kurs.

Andri Gega (Sicherheitskraft)

Camila Silva (Sängerin)

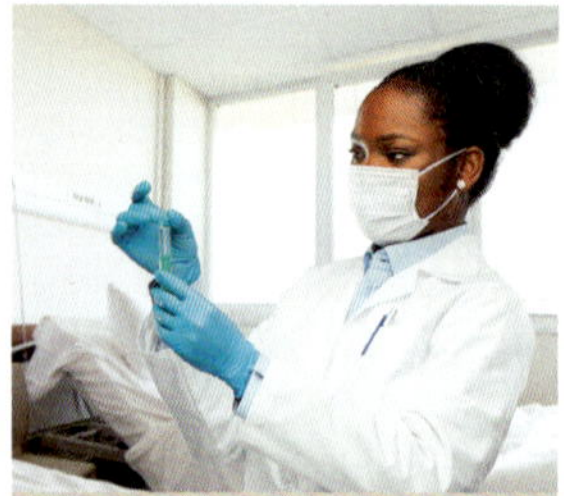
Folami Alabi (Ärztin)

Luca Süß (Paketbote)

Ich glaube, die Sängerin arbeitet am Abend und in der Nacht.

b Wann arbeitet Andri Gega? Lesen Sie. Fragen Sie und antworten Sie.

Sicherheitsservice Secure	Dienstplan						
	Mo	Di	Mi	Do	Fr	Sa	So
Frühschicht	J. Dahoud	J. Dahoud	J. Dahoud	M. Rebić	M. Rebić	C. Bauer	C. Bauer
5:30–13:45	A. Gega	A. Gega	I. Almoza	I. Almoza	I. Almoza		
Spätschicht	M. Rebić	M. Rebić	M. Rebić	R. Iwobi	R. Iwobi	S. Tilla	S. Tilla
13:30–21:45	C. Bauer	C. Bauer	P. Schulze	A. Gega	S. Tilla		
Nachtschicht	I. Almoza	I. Almoza	R. Iwobi	C. Bauer	A. Gega	A. Gega	R. Iwobi
21:30–5:45	P. Schulze	S. Tilla	S. Tilla	J. Dahoud	J. Dahoud		
Urlaub	R. Iwobi	R. Iwobi		P. Schulze	P. Schulze	P. Schulze	P. Schulze

1. Wann hat Andri Gega Frühschicht?
2. Wann hat er Spätschicht?
3. Wann hat er Nachtschicht?
4. Wann hat er frei? Hat er Urlaub?

14:00 vierzehn Uhr = zwei Uhr
14:30 vierzehn Uhr dreißig = halb drei
20:00 zwanzig Uhr = acht Uhr
20:45 zwanzig Uhr fünfundvierzig = Viertel vor neun

Wann hat Andri Gega Frühschicht?
Andri Gega hat am Montag und am Dienstag Frühschicht.

c Von wann bis wann? Fragen Sie und antworten Sie.

Von wann bis wann geht die Frühschicht?
Von fünf Uhr dreißig bis ...

Von wann bis wann?
Von halb 6 bis 13:45 Uhr.
Von Montag bis Mittwoch.

d Arbeiten Sie zu zweit. Wählen Sie eine Rolle (A oder B). Ihre Partnerin / Ihr Partner wählt die andere Rolle. Spielen Sie einen Dialog.

A
Carla Bauer
Sie sind neu in der Firma. Sie verstehen den Dienstplan nicht. Sie fragen:
Wann arbeite ich am ...?

B
Andri Gega
Sie helfen Carla Bauer.
Wann arbeitet sie?
Sie erklären den Dienstplan.

Lernziele: über Arbeitszeiten sprechen • einen Dienstplan erklären • Informationen weitergeben • die Uhrzeit (offiziell) nennen •

2 Wir suchen Sicherheitskräfte.

a Welche Überschrift passt? Lesen Sie. Ordnen Sie zu.

Das sind Ihre Arbeitstage: • Das sind Ihre Aufgaben: • Das sind Ihre Arbeitszeiten:

Sicherheitsservice Secure × +

Wir suchen Sicherheitskräfte!

____

Wir brauchen Sicherheitskräfte von Montag bis Sonntag. Sie arbeiten fünf Tage pro Woche und haben immer zwei Tage frei.

____

Sie arbeiten im Schichtdienst. Die Frühschicht fängt um 5:30 Uhr an und geht bis 13:45 Uhr. Die Spätschicht beginnt um 13:30 Uhr und geht bis 21:45 Uhr. Die Nachtschicht geht von 21:30 Uhr bis 5:45 Uhr am Morgen.

____

Sie arbeiten an der Rezeption und kontrollieren die Ausweise. Sie machen Telefondienst. Sie schließen am Abend Türen und Fenster und Sie kontrollieren das Haus.

Haben Sie Interesse? Dann schreiben Sie uns:
secure@example.net

b Richtig oder falsch? Lesen Sie noch einmal. Kreuzen Sie an.

	richtig	falsch
1. Die Sicherheitskräfte arbeiten manchmal am Wochenende.	☐	☐
2. Die Sicherheitskräfte beginnen immer um 5:30 Uhr.	☐	☐
3. Die Sicherheitskräfte brauchen einen Ausweis.	☐	☐
4. Die Sicherheitskräfte machen am Abend die Türen und Fenster zu.	☐	☐

3 Wie arbeiten Sie?

a Wählen Sie eine Aufgabe (A oder B). Die App hilft.

1.32

A Biologielehrer
Hören Sie zweimal. Schreiben Sie zu den Fragen 1 bis 6 Notizen. Schreiben Sie einen Text.

B Ihr Beruf
Beantworten Sie die Fragen 1 bis 6. Schreiben Sie einen Text über Ihren Beruf.

1. Was sind Sie von Beruf?
2. Was machen Sie?
3. Wann fangen Sie an?
4. Von wann bis wann haben Sie Pause?
5. Wann haben Sie Feierabend?
6. Arbeiten Sie auch am Wochenende?

b Tauschen Sie Ihre Texte zu zweit. Unterstreichen Sie alle Verben. Kontrollieren Sie.

1. Ist die Endung vom Verb richtig?
2. Ist die Position im Satz richtig?

c Welchen Beruf finden Sie interessant? Hängen Sie die Texte auf. Lesen Sie die Texte. Sprechen Sie im Kurs.

D Ich komme nach Hause.

1 Die Geschichte von Sara und Mario

a Was ist richtig? Lesen Sie. Kreuzen Sie rechts an.

Mario 5:15
Feierabend! Ich komme nach Hause.

Sara 5:20
Guten Morgen! Ich stehe auf ...
Sara 5:30
Ich frühstücke. Ich gehe heute um Viertel vor sechs zur Arbeit.
Für dich auch einen Tee?

Mario 5:32

Sara 13:00
Alles okay? Küsschen!

Mario 13:20
Ja, ich stehe auf. Dann kaufe ich ein.

Sara 13:25
Machst du bitte den Kühlschrank zu?

Mario 13:26 Uhr
Oh, Entschuldigung!!!! Ja, ich mache den Kühlschrank zu.

Sara 13:26
Machst du bitte auch die Waschmaschine an?

Mario 14:20
Ja, ich mache die Waschmaschine an. Und ich bereite das Abendessen vor!

Sara 14:21
Super, danke!!!
Sara 15:00
Feierabend! Ich komme heute schon um halb vier!

Mario 15:05
Und meine Arbeit fängt erst um 20 Uhr an.
Mario 21:30
Gute Nacht!

Sara 21:34
Bis morgen!

Lernziele: einen Chat verstehen • den Tagesablauf beschreiben • Strategie: Wörter mit Gegensätzen lernen • trennbare Verben

1. Mario hat ...
   - a ☐ Frühschicht.
   - b ☐ Spätschicht.
   - c ☐ Nachtschicht.

2. Sara hat ...
   - a ☐ Frühschicht.
   - b ☐ Spätschicht.
   - c ☐ Nachtschicht.

b Was ist falsch? Lesen Sie noch einmal. Korrigieren Sie.

1. Die Arbeit von Mario fängt um 5:15 Uhr an.

   Die Arbeit von Mario hört um 5:15 Uhr auf.

2. Sara kommt am Morgen um Viertel vor sechs nach Hause.

   ____

3. Mario schläft um 13:20 Uhr.

   ____

4. Mario macht um 13:26 Uhr den Kühlschrank auf.

   ____

5. Mario macht um 14:20 Uhr die Waschmaschine aus.

   ____

2 Wörter mit Gegensätzen lernen

a Unterstreichen Sie die Verben in 1b. Schreiben Sie die Infinitive auf Wortkarten.

b Gegensatz-Spiel. Spielen Sie zu dritt. Suchen Sie Paare.

c Was ist der Gegensatz? Arbeiten Sie zu zweit. Ziehen Sie eine Karte. Sagen Sie den Gegensatz. Richtig? Behalten Sie die Karte. Falsch? Legen Sie die Karte zurück.

Aufhören – anfangen! Ich fange um ein Uhr an.

Richtig!

3 Der Tag von Sara und Mario

Was macht Sara? Was macht Mario? Wählen Sie eine Person (Sara oder Mario). Erzählen Sie.

Sara steht um ...

4 Alles klar? Wollen Sie mehr üben?

a Was hat Ihnen gefallen? War es schwer? War es leicht? Sprechen Sie im Kurs.

b Wiederholen Sie und üben Sie in der App. Wählen Sie A (leichte Übungen) oder B (schwere Übungen).

3 Magazin

TREFFPUNKT

Monatsgrafik:
Was machen die Deutschen in ihrer Freizeit gern?

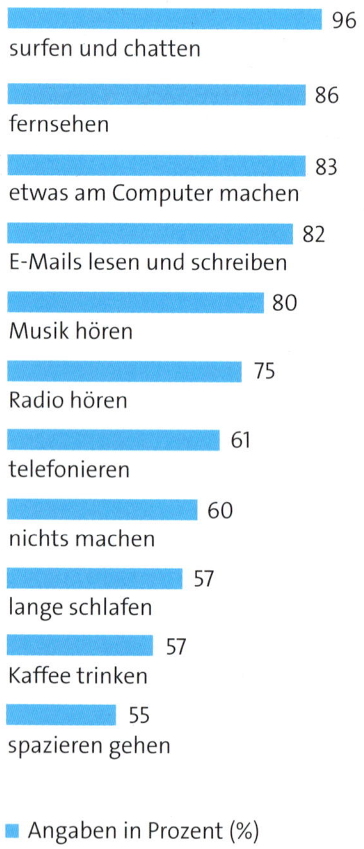

(Datenquelle: statista.com)

Lieblingsorte

Ich bin Andrei und ich komme aus Erfurt. Erfurt ist toll! Das sind meine Lieblingsorte:

Die Altstadt: Hier stehen viele alte Häuser. Sie sind sehr schön! Ich treffe hier immer Freunde und Kollegen und wir essen und trinken zusammen.

egapark Erfurt: Ich gehe hier sehr gerne spazieren oder ich mache hier Sport. Ich laufe gern. Und der japanische Garten im Park ist sehr schön.

Der Petersberg: Ich finde den Petersberg super! Du siehst hier die ganze Stadt! Ich sitze hier oft, ich lese, ich höre Musik oder ich mache nichts.

1 Was machen die Deutschen in ihrer Freizeit gern?

a Was machen die Deutschen gern? Sehen Sie die Grafik an. Sprechen Sie im Kurs.

- Auf Platz 5 steht: Musik hören. Ich finde das interessant.
- Viele Deutsche sehen gern fern. Ich auch.

b Was machen Sie gern? Sprechen Sie im Kurs. Machen Sie eine Kursgrafik.

2 Lieblingsorte

1.33

a Was macht Andrei? Lesen Sie und hören Sie. Schreiben Sie.

Foto 1: Freunde treffen,

b Was ist Ihr Lieblingsort in Ihrer Stadt? Was machen Sie dort? Sprechen Sie.

Freizeittipps:

Kurse für Kinder, Jugendliche und Erwachsene

Nähen

Sind Sie Anfänger?
Hier lernen Sie nähen!
Immer am Freitag
9.00–12.00 Uhr
(Kursnummer: 1)

Sind Sie Profi?
Hier bekommen Sie viele Tipps!
Immer am Dienstag
18.00–21.00 Uhr
(Kursnummer: 2)

4 Termine: 30 €

Adresse:
Näh-Café
Sonnenstr. 1

Eltern-Kind-Sport

für Kinder (1 bis 3 Jahre) und ihre Mütter oder Väter

Immer am Samstag
10.00–11.00 Uhr

(Kursnummer: 28)

15 € pro Monat

Adresse:
Sportzentrum
Lange Straße 41

Fahrrad-Kurse

Immer am Sonntag

Kinder und Jugendliche:
9.00–10.00 Uhr
(Kursnummer: 10)

12.00–13.00 Uhr
(Kursnummer: 20)

Erwachsene:
15.00–16.00 Uhr
(Kursnummer: 30)

10 € pro Monat

Adresse:
Fahrradschule
Heroldstr. 1

3 Freizeittipps

a Welcher Kurs ist für Sie interessant? Wählen Sie einen Kurs. Ergänzen Sie.

Anmeldeformular

Name ______________ Vorname ______________

Straße, Nr. ______________ PLZ, Stadt ______________

E-Mail ______________ Telefon ______________

Kurse

Kursname ______________ Kursnummer ______________

b Projekt. Welche Kurse finden Sie in Ihrer Stadt? Suchen Sie Kurse an Ihrem Wohnort. Bringen Sie Flyer in den Kurs mit. Hängen Sie sie im Kursraum auf. Welche Kurse sind für Sie interessant? Sprechen Sie.

7 Essen

A Ich esse gern Fisch.

1 Was isst du gern?

a **Was denken Sie: Wer isst was? Und was trinken Helen, Felix und Karim? Sprechen Sie im Kurs. Die Bildleiste hilft.**

Felix isst Salat und ...

1.34

b **Was essen und trinken Helen, Felix und Karim gern? Hören Sie. Kreuzen Sie an.**

1. Felix: ☐ Salat ☐ Fleisch ☐ Fisch ☐ Wein
2. Helen: ☐ Fisch ☐ Reis ☐ Tee ☐ Wasser
3. Karim: ☐ Fisch ☐ Fleisch ☐ Tee ☐ Wein

c **Was essen und trinken Sie gern? Fragen Sie und antworten Sie. Arbeiten Sie mit der Bildleiste.**

Was isst du gern?

Ich esse (sehr) gern Äpfel und ...

Was trinkst du gern?

Ich ...

Nullartikel

(= kein Artikel)

Ich trinke gern – Wasser.

Ich esse gern – Fisch.

der Apfel

die Birne

die Tomate

der Salat

das Fleisch

das Hähnchen

der Fisch

Lernziele: sagen, was man gern isst und trinkt • Vorlieben nennen und vergleichen • Wortfeld: Lebensmittel • Nullartikel, Verb: *mögen*

2 In Mexiko essen wir gern Fleisch mit Reis.

a Welche Lebensmittel aus dem Text passen? Lesen Sie. Ordnen Sie zu.

Essen international

Amira/Marokko: Hallo, ich komme aus Marrakesch. In Marokko essen wir sehr gern Fleisch, oft Lammfleisch und Hähnchen, aber kein Schweinefleisch. Dazu essen wir Gemüse: Tomaten und Paprika. Ich esse aber keine Tomaten. Und wir trinken sehr viel Tee.

Juan/Mexiko: In Mexiko essen wir gern Fleisch mit Reis. Ich esse sehr gern Rindfleisch! Die Mexikaner trinken auch sehr gerne Bier, aber ich mag kein Bier. Ich trinke gern Wasser.

Lukas/Deutschland: In Deutschland essen wir viel Fleisch und auch Brot mit Wurst und Käse. Ich esse aber auch sehr gerne Nudeln und Obst. Ich mag Äpfel und Birnen. Und was trinken die Deutschen? Wir trinken viel Bier und Kaffee. Aber ich mag keinen Kaffee. Ich trinke gerne Tee.

Hanifa/Malaysia: In Malaysia trinken wir viel Tee, aber ich mag keinen Tee. Ich trinke gern Saft – zum Beispiel Ananassaft. Ich mag Ananas sehr gern. Wir essen viel Fisch, Reis und Nudeln. Fisch ist lecker. Wir essen auch oft Eier. Ich esse aber keine Eier.

Fleisch: Wurst, ...

b Was mögen die Personen nicht? Lesen Sie noch einmal. Sprechen Sie im Kurs.

Lukas mag keinen ...

c Kurskette: Was mögen Sie, was mögen Sie nicht? Sprechen Sie.

Ich esse gern Fisch, aber ich mag kein Fleisch.

Aha, du magst kein Fleisch. Ich esse gern ..., aber ...

Verb: *mögen*

ich	mag	wir	mögen
du	magst	ihr	mögt
er/es/sie	mag	sie/Sie	mögen

d Was essen und trinken Sie und die Menschen in Ihrem Land gern? Schreiben Sie einen Text wie in a. Arbeiten Sie mit dem Wörterbuch. Die App hilft.

e Was ist neu oder interessant für Sie? Was kennen Sie (nicht)? Hängen Sie Ihre Texte auf. Lesen Sie die Texte. Sprechen Sie im Kurs.

Die Menschen in Vietnam essen ... Das kenne ich (nicht). Das finde ich interessant.

der Reis

die Nudeln (Pl.)

das Brot

das Wasser

der Saft

der Wein

das Bier

B Was essen wir gern?

1 Was isst man in Deutschland gern?

a Wie viel? Lesen Sie. Ergänzen Sie die Zahlen.

Magazin

Vegan? Vegetarisch? Oder doch mit Fleisch?

Was und wie viel isst man in Deutschland?

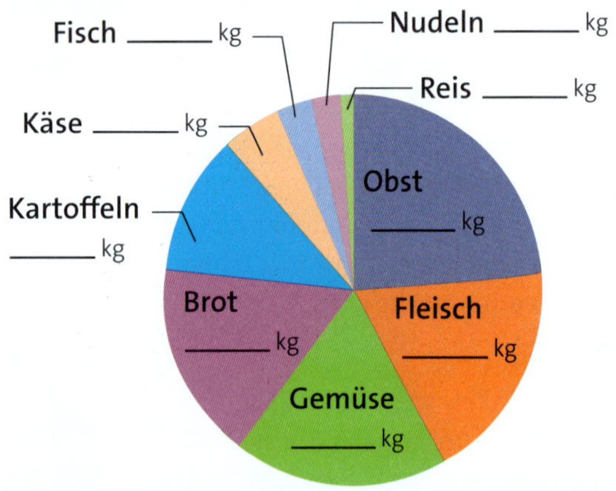

Menschen in Deutschland mögen Gemüse und Obst: Sie essen sehr gern Gemüse: 84 kg im Jahr. Und noch lieber essen sie Obst: 122 kg im Jahr. Das ist sehr gesund.

Aber: Vegan oder vegetarisch isst man in Deutschland nicht sehr oft. Man isst gern Käse (22 kg) und Fisch (15,5 kg), aber noch lieber Fleisch und Wurst: 90 kg im Jahr. Und was isst man zum Fleisch? Man isst in Deutschland nicht so gern Reis (5,4 kg) oder Nudeln (7,4 kg). Man kauft lieber Kartoffeln (63 kg). Und Brot: Brot und Brötchen sind sehr beliebt. Die Deutschen kaufen 84 kg im Jahr.

(Datenquelle: https://www.worldsoffood.de/specials/was-isst-deutschland.item/1296-die-10-beliebtesten-lebensmittel-der-deutschen.html)

Man isst in Deutschland 15,5 kg Fisch im Jahr.

man = *viele Personen*

b Was essen die Deutschen gern (+)? Was noch lieber (++)? Sehen Sie die Grafik an. Ergänzen Sie.

1. Fleisch	++	Fisch	+
2. Nudeln	______	Kartoffeln	______
3. Obst	______	Gemüse	______
4. Reis	______	Nudeln	______

Die Menschen in Deutschland essen gern Fisch.

Sie essen aber noch lieber Fleisch: ... Kilo.

c Was essen Sie gern? Sprechen Sie zu zweit.

Ich esse gern Reis.

Ich esse lieber Nudeln.

2 Und was isst man in Österreich und in der Schweiz?

a Wählen Sie eine Grafik in der App (A oder B). Ihre Partnerin / Ihr Partner wählt die andere Grafik. Fragen Sie und antworten Sie. Schreiben Sie.

Österreich A

Schweiz B

Obst • Gemüse • Fleisch • Fisch • Kartoffeln

Wie viel Obst isst man in Österreich?

Man isst ... Kilogramm im Jahr. Und in der Schweiz?

Österreich
Obst: ... kg

b Alles richtig? Kontrollieren Sie mit der Grafik in der App.

Lernziele: eine Grafik verstehen • sagen, was man gern isst • Notizen machen • einen Einkaufszettel schreiben • Preise im Internet

3 Wir brauchen Fisch.

1.35

a Was hat Karim schon? Hören Sie. Kreuzen Sie an.

☒ das Salz

☐ der Pfeffer

☐ die Butter

☐ das Öl

☐ der Tee

☐ der Wein

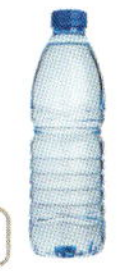
☐ das Wasser

Karim hat schon Salz und ...

1.35

b Wie viel braucht man? Hören Sie noch einmal. Ergänzen Sie.

1 kg	Fisch	14,59 €
______	Butter	______
______	Reis	______
______	Salat	______
______	Tomaten	______
______	Wasser	______
______	Wein	______

eine Flasche
ein Stück
1 kg (Kilo/Kilogramm)
100 g (Gramm)
1 l (Liter)

c Was kostet das? Suchen Sie Preise im Internet. Schreiben Sie in b. Vergleichen Sie im Kurs.

Ein Kilo Fisch kostet 14,59 Euro.

Wie viel / Was kostet das?
3,50 €. = Drei (Euro) fünfzig (Cent).

1.36

d Phonetik: lang und kurz. Hören Sie. Sprechen Sie nach.

1. lang: Tomaten – Tee – Kilo – Brot – Nudeln
2. kurz: Wasser – Pfeffer – Fisch – Kartoffeln – Butter

1.37

e Hören Sie. Sprechen Sie nach.

f Arbeiten Sie zu zweit. Wählen Sie eine Rolle in der App (A oder B). Ihre Partnerin / Ihr Partner wählt die andere Rolle. Fragen Sie und antworten Sie. Schreiben Sie zusammen einen Einkaufszettel.

Was brauchen wir?
Wir brauchen eine Flasche Wasser.
Gut, eine Flasche Wasser. Und ...

1 Flasche Wasser
...

4 Das mag ich auch.

a Was essen Sie gern? Was brauchen Sie? Suchen Sie ein Foto im Internet. Schreiben Sie.

b Arbeiten Sie zu viert. Zeigen Sie Ihr Foto. Erzählen Sie.

Das ist ... Ich brauche Tomaten ...

Das kenne ich! Das mag ich auch. Das esse ich auch gern.
Das kenne ich nicht. Das sieht aber lecker aus.

C Ich hätte gern einen Kaffee.

1 Ich hätte gern ...

a Was kaufen Sie wo? Sprechen Sie im Kurs.

im Supermarkt

am Kiosk

auf dem Markt

im Gemüseladen

in der Bäckerei

- Ich kaufe Gemüse im Supermarkt.
- Ich kaufe Gemüse lieber auf dem Markt.

19

b Was kaufen die Personen? Sehen Sie das Video. Kreuzen Sie an.

Kunde:	einen Kaffee	☐ ohne Milch	☐ mit Milch
		☐ ohne Zucker	☐ mit Zucker
	ein Brötchen	☐ mit Käse	☐ mit Wurst
Helen:	einen Kaffee	☐ ohne Zucker	☐ mit Zucker
	ein Brötchen	☐ mit Käse	☐ mit Wurst

Kaffee **mit** Milch
ohne Milch

c Mit oder ohne? Eine Person sagt, wie sie etwas mag. Wer mag es auch so? Die Personen stehen auf.

1. Kaffee: Milch? Zucker?
2. Tee: Milch? Zucker?
3. Brötchen: Käse? Wurst?
4. Pizza: Tomaten? Käse? Schinken?

- Ich trinke gern Kaffee mit Milch, aber ohne Zucker.
- Ich auch!
- Und ich auch!

19

d Was geht nicht? Sehen Sie das Video noch einmal. Kreuzen Sie an.

1. ☐ Der Preis ist 3,25 Euro. Karim nimmt nur 3 Euro.
2. ☐ Der Preis ist 3,10 Euro. Martina nimmt nur 3 Euro.

e Warum findet Martina das nicht gut? Kreuzen Sie an.

Karim ist nicht ...

1. ☐ der Verkäufer.
2. ☐ der Kunde.
3. ☐ der Chef.

f Wie ist es in anderen Ländern? Wo sagen die Verkäuferinnen und Verkäufer manchmal andere Preise? Sprechen Sie im Kurs.

- Die Verkäufer in Indien sagen manchmal im Gemüseladen andere Preise.

Lernziele: Einkaufsgespräche führen • Wortfeld: Einkaufen • Verb *möchte-*, Präpositionen *mit* und *ohne*

2 Was möchten Sie?

a Wer sagt was? Ordnen Sie zu.

Ich hätte gern ... • Guten Tag, was möchten Sie? • Bitte schön. Noch etwas? • Ja, ich möchte noch ... • Nein, das ist alles. • Haben Sie noch einen Wunsch? • Das macht dann ...

Verkäuferin/Verkäufer

____

____

____

____

Kundin/Kunde

____

____

____

19

b Sehen Sie das Video noch einmal. Kontrollieren Sie in a.

c Lesen Sie zu zweit. Ergänzen Sie.

- Guten Tag, was möchten Sie?
- Ich hätte gern einen Kaffee.
- Gern. Bitte schön. Noch etwas?
- Ja, ich möchte noch ein Brötchen mit Käse.
- Bitte sehr. Haben Sie noch einen Wunsch?
- Nein, das ist alles.
- Das macht dann 3,55 Euro.
- Hier, bitte.
- Haben Sie 5 Cent?
- Moment ... Ja, hier.
- Vielen Dank. Und 50 Cent zurück.

Verb: *möchte-*

ich	______	wir	möchten
du	möchtest	ihr	möchtet
er/es/sie	möchte	sie/Sie	______

1.38

d Phonetik: *e* und *ö*. Hören Sie. Sprechen Sie nach.

1. e: Tee – sehr – Cent
2. ö: schön – ich möchte – Brötchen

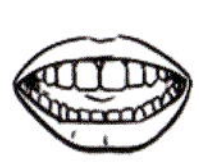
sehr

schön

1.39

e Hören Sie. Sprechen Sie nach.

- Was möchten Sie?
- Ich möchte ein Brötchen.
- Bitte schön.

3 Was und wo kaufen Sie ein?

a Arbeiten Sie zu zweit. Wählen Sie ein Foto in 1a. Schreiben Sie zwei Lebensmittel.

b Wo ist das? Variieren Sie den Dialog in 2c. Spielen Sie den Dialog im Kurs. Die anderen raten.

- Ich glaube, das ist im Supermarkt!
- Richtig! / Leider nein, das ist ...

D Ich brauche Obst: Bananen und Äpfel.

1 Auf dem Großmarkt

a Wie heißen die Gerichte? Lesen Sie. Ordnen Sie zu.

☐

☐

☐

1. Paella

für 20 Personen

1 kg Reis
750 g Wurst
2 kg Hähnchenfleisch
2 kg Fisch
5 Zwiebeln
2 kg Tomaten
5 Paprika
5 Zitronen

2. Gulasch

für 20 Personen

4 kg Rindfleisch
5 kg Kartoffeln
750 g Tomaten
10 Paprika
10 Zwiebeln
Öl
Salz, Pfeffer

3. Obstsalat

für 20 Personen

2 kg Äpfel
2 kg Birnen
1 kg Bananen
1 kg Orangen
1 Zitrone
50 g Zucker

b Richtig oder falsch? Lesen Sie noch einmal. Kreuzen Sie an.

	richtig	falsch
1. Zwei Rezepte sind mit Fleisch.	☐	☐
2. Alle Rezepte sind mit Gemüse.	☐	☐
3. Ein Rezept ist mit Fisch.	☐	☐
4. Drei Rezepte sind mit Zwiebeln.	☐	☐
5. Ein Rezept ist mit Obst.	☐	☐

1.40 **c Was kauft Felix? Hören Sie. Streichen Sie in a durch.**

d Was kauft Felix nicht? Was braucht er noch? Sprechen Sie im Kurs.

Felix braucht noch ...

e Arbeiten Sie zu zweit. Spielen Sie Einkaufsgespräche. Kaufen Sie die Sachen für Felix.

Guten Tag. Was möchten Sie?

Guten Tag. Ich hätte gern ...

Lernziele: Zutatenlisten von Rezepten verstehen • Einkaufsgespräche führen • sagen, was man (nicht) gern isst •

2 Wörter mit Bildern lernen

a **Arbeiten Sie in Gruppen. Schreiben Sie Lebensmittel auf Karten. Schreiben Sie die Wörter blau (maskulin), orange (feminin) und grün (neutral). Zeichnen Sie Bildkarten dazu.**

Fisch

Birne

b **Was ist das? Mischen Sie die Bildkarten. Ziehen Sie eine Karte. Ordnen Sie die Wortkarte zu.**

- Fisch.
- Nein, Fleisch!
- Ja, stimmt.

c **Obst, Gemüse, Getränke oder Fleisch? Ziehen Sie eine Wortkarte. Gehen Sie zum passenden Wort. Passt kein Wort? Dann bleiben Sie im Raum stehen.**

- Birne passt zu Obst.
- Ja. Und Butter? Butter passt nicht.

d **Schmeckt das zusammen? Arbeiten Sie zu viert. Ziehen Sie eine Wortkarte. Sprechen Sie wie im Beispiel.**

Brot | Fisch | Birne | Käse

- Brot und Käse. Das passt zusammen. Das ist lecker.
- Fisch und Birne. Igitt, das passt nicht.
- Käse und Birne. Das passt auch. Das mag ich.
- Käse und Birne? Oh, nein! Das mag ich nicht.

e **Lebensmittel-Alphabet. Ziehen Sie eine Bildkarte. Bilden Sie eine Reihe nach dem Alphabet.**

3 Alles klar? Wollen Sie mehr üben?

a **Was hat Ihnen gefallen? War es schwer? War es leicht? Sprechen Sie im Kurs.**

b **Wiederholen Sie und üben Sie in der App. Wählen Sie A (leichte Übungen) oder B (schwere Übungen).**

8 Eine Party

1

2

3

4

A Guten Appetit!

1 Das Mittagessen ist pünktlich um zwölf Uhr.

a **Was essen die Personen? Was denken Sie: Wie viel Uhr ist es? Sprechen Sie im Kurs. Die Bildleiste hilft.**

b **Wann und was essen Sie und trinken Sie zum Frühstück, zu Mittag und zu Abend? Erzählen Sie.**

Ich frühstücke immer um ... Ich esse ... und ich trinke ...

c **Richtig oder falsch? Lesen Sie. Kreuzen Sie an.**

Das Mittagessen ist pünktlich um zwölf Uhr. Stimmt das?

Man sagt über Menschen in Deutschland oft: Sie frühstücken viel. Und das oft schon um sechs oder sieben Uhr. Ein zweites Frühstück folgt dann um 10 Uhr. Sie essen pünktlich um 12 Uhr zu Mittag – sehr oft warm, in der Kantine, im Restaurant oder im Café. Aber das ist nicht alles: 15 Uhr? Zeit für eine Kaffeepause! Das Abendessen ist auch sehr früh: Man isst schon um 18 Uhr und meistens kalt. Aber stimmt das wirklich?

	richtig	falsch
1. Viele Deutsche frühstücken früh am Morgen.	☐	☐
2. Sie essen gern kalt zu Mittag.	☐	☐
3. Sie essen nicht spät zu Abend.	☐	☐

d **Stimmt das? Wie kennen Sie es? Was und wann essen Menschen in Deutschland? Sprechen Sie im Kurs.**

das Frühstück

frühstücken

das zweite Frühstück

ein zweites Frühstück essen

das Mittagessen

Lernziele: über Essgewohnheiten sprechen • Essgewohnheiten vergleichen • *Guten Appetit* in verschiedenen Sprachen vergleichen •

2 Ich esse gern Tomatensuppe zu Mittag.

1.41 **a** **Wo sind die Personen? Was machen sie? Hören Sie. Sprechen Sie im Kurs.**

1.41 **b** **Arbeiten Sie in zwei Gruppen. Wählen Sie eine Aufgabe (A oder B). Die zweite Gruppe wählt die andere Aufgabe. Hören Sie noch einmal.**

A **Wann** essen die Personen? Ergänzen Sie.

B **Was** essen und trinken sie? Kreuzen Sie an.

Frühstück	Mittagessen	Abendessen
um ______	um 12:15, ______	um ______
☐ Obstsalat mit Joghurt	☐ Salat ☐ Tomatensuppe	☐ Fleisch mit Gemüse
☐ nichts ☐ Brötchen	☐ Fisch mit Reis	☐ Wurstbrot
☐ Milchkaffee	☐ Fleisch mit Kartoffeln	☐ Salat und Käsebrot
☐ Tee ☐ Saft	☐ Brötchen	☐ Wasser ☐ Bier ☐ Wein

c **Fragen Sie und antworten Sie zu zweit (A + B). Ergänzen Sie in b.**

Wann essen die Personen zu Mittag?

Um ... oder um ... Uhr. Und was essen sie zu Mittag?

d **Was passt: *der*, *das* oder *die*? Lesen Sie. Ergänzen Sie.**

Nomen + Nomen (Komposita)

der Milch**kaffee** **das** Mittag**essen** **die** Tomaten**suppe**

1. ____ Tomatensuppe	2. ____ Kartoffelsalat	3. ____ Käsebrot	4. ____ Birnenkuchen
____ Fischsuppe	____ Obstsalat	____ Wurstbrot	____ Apfelkuchen

1.42 **e** **Phonetik: Wortakzent. Hören Sie. Markieren Sie den Wortakzent in d. Sprechen Sie nach.**

f **Sprechen Sie zu zweit. Arbeiten Sie mit den Wörtern in d.**

Ich habe Hunger. Oh, schau mal, der Kartoffelsalat.

Hmm, der Kartoffelsalat sieht gut aus!

3 Guten Appetit!

Wie sagt man *Guten Appetit* in Ihrer Sprache? Was sagen Sie vor dem Essen? Sammeln Sie im Kurs.

Wir sagen auf Polnisch *Smacznego*! *Smaczne* heißt auf Deutsch *lecker*.

4 Wann und was essen Sie zu Abend?

a **Wählen Sie eine Aufgabe (A oder B). Schreiben Sie. Die App hilft.**

A Schreiben Sie einen **Steckbrief**.

B Schreiben Sie einen **Text**.

b **Was ist gleich oder ähnlich? Vergleichen Sie Ihre Texte zu zweit. Unterstreichen Sie. Erzählen Sie im Kurs.**

zu Mittag essen

die Kaffeepause

eine Kaffeepause machen

das Abendessen

zu Abend essen

B Wir feiern am Sonntag.

1 Ich kann einen Salat mitbringen.

1.43

a Was feiert Martina? Was ist richtig? Hören Sie. Kreuzen Sie an.

1. ☐ eine Hochzeit
2. ☐ eine Kioskfeier
3. ☐ eine Familienfeier

1.44

b Was planen Martina und Felix? Hören Sie weiter. Ergänzen Sie.

Zeit: am __________ um __________ Uhr

Programm: Musik hören, __________

Getränke: __________, __________, Cola, __________

Essen: __________, Curry, __________ und ein internationales Büfett

1.44

c Wer kann was machen? Hören Sie noch einmal. Verbinden Sie.

1. Felix kann — a einen Kuchen backen.
2. Martina kann — b etwas mitbringen.
3. Todor kann — c eine Suppe kochen.
4. Alle können — d Musik organisieren.

20

d Sehen Sie das Grammatik-Video. Ergänzen Sie den Satz aus dem Video.

Modalverb: *können* (= es ist möglich)

	Position 2		Satzende
Felix	kann	Musik	organisieren.
Todor	kann	eine Suppe	kochen.
______	______	______	______.

ich	kann	wir	können
du	kannst	ihr	könnt
er/es/sie	kann	sie/Sie	können

e Kurskette: Wir machen eine Party. Was kannst du machen? Sprechen Sie zu viert wie im Beispiel.

eine Einladung schreiben • Getränke bestellen • einen Kuchen backen • eine Suppe kochen • einen Salat mitbringen • Kaffee und Tee kochen • Musik organisieren • Gläser mitbringen • Spiele organisieren • die Getränke abholen • den Kursraum aufräumen

- Ich kann eine Einladung schreiben.
- Toll. Du kannst eine Einladung schreiben. Ich kann Getränke bestellen.
- Super. Tom kann eine Einladung schreiben. Du kannst Getränke bestellen. Ich ...

Lernziele: eine Feier/Party planen und organisieren • eine Einladung verstehen und schreiben • sagen, was man (tun) kann •

2 Kommt ihr?

a Was ist anders? Lesen Sie. Vergleichen Sie mit den Notizen in 1b. Unterstreichen Sie.

20 Jahre Kiosk!

Liebe Freunde und Freundinnen, liebe Familie,
wir feiern **am Sonntag**, um **17 Uhr**
am Kiosk von Martina und möchten euch einladen.

Programm: Musik & Tanz & internationales Büfett
Wir organisieren Getränke und wir machen Curry und Birnenkuchen.

Kommt ihr? Und könnt ihr etwas kochen und Musik mitbringen?
Könnt ihr bitte bis Freitag antworten?

Martina und Felix

b Wer kommt zur Feier? Wer nicht? Warum? Lesen Sie. Sprechen Sie im Kurs.

Senden
An... Martina Schmittke
Betreff Deine Einladung

Liebe Martina,

vielen Dank für die Einladung! Klar, ich komme sehr gern.
Ich kann Pancit mitbringen. Das ist ein Gericht mit Nudeln und Fleisch oder Hähnchen.

Viele Grüße und bis Sonntag
Helen

Papa 14:15
Hallo, Martina, ich kann am Sonntag leider nicht kommen. Du weißt, ich bin am Wochenende bei deiner Cousine Hannah in Madrid. Wir feiern zusammen am Montag, okay? 😘 Papa

Martina 14:28
Stimmt, du bist in Madrid! Viele Grüße an Hannah!

3 Wir feiern eine Kursparty.

a Was ist bei einer Party wichtig? Sammeln Sie im Kurs.

- *Essen, Getränke*
- *(kein) Alkohol*
- *Musik*
- ...

b Was ist für Sie wichtig? Wählen Sie in a zwei Punkte.

c Vergleichen Sie zu viert.

Für mich ist ... wichtig.

Das ist für mich nicht so wichtig. Für mich ist ... wichtig.

d Wann, wo und wie feiern Sie? Sprechen Sie zu zweit. Schreiben Sie eine Einladung.

e Können Sie kommen? Tauschen Sie die Einladungen im Kurs. Schreiben Sie eine Antwort.

C Prost!

1 Ich möchte den Salat mit Falafel.

▶ 21 **a Was passiert? Sehen Sie das Video. Ordnen Sie die Fotos. Erzählen Sie.**

Essen mitbringen • ein Foto vom Büfett machen • die Wasserflasche suchen • sehr gut schmecken • Prost sagen • denken, das Curry ist mit Schweinefleisch

A ☐

B ☐

C ☐

D ☐

E ☐

Alle bringen Essen mit. Felix macht zuerst ...

▶ 21 **b Wer isst was? Sehen Sie das Video noch einmal. Ergänzen Sie.**

1. ___Martina___ nimmt die Nudeln mit Fleisch.
2. ______________ möchte den Salat mit Falafel.
3. ______________ möchte das Hähnchen-Curry.
4. ______________ probiert auch das Curry.
5. ______________ isst die Gurkensuppe.

c Unterstreichen Sie die Artikel in b. Ergänzen Sie.

Artikel *der/das/die*: Akkusativ	maskulin (der)	neutral (das)	feminin (die)	Plural (die)
Ich nehme/esse/möchte	_____ Salat	das Hähnchen	_____ Suppe	_____ Nudeln

d Variieren Sie den Dialog zu zweit.

der Birnenkuchen • die Tomatensuppe • die Pizza • der Gemüsereis • das Hähnchen-Curry

- Todor, der Gurkensalat schmeckt sehr gut.
- Danke, das freut mich.
- Wie machst du den Salat?
- Mit Joghurt und Zwiebeln.

Lernziele: über Essen sprechen • Komplimente machen • sich für ein Kompliment bedanken • Artikel *der/das/die*: Akkusativ

2 Bingo-Spiel: Ich nehme ...

a Was nehmen Sie? Schreiben Sie vier Gerichte auf einen Zettel.

die Tomatensuppe

der Kartoffelsalat

der Nudelsalat

die Fischsuppe

das Gulasch

der Fisch mit Kartoffeln

die Nudeln mit Fleisch

das Hähnchen mit Gemüse

der Fisch mit Reis

der Obstsalat

b Arbeiten Sie zu viert. Eine Person nennt Gerichte in a. Steht das Gericht auf Ihrem Zettel? Streichen Sie es durch. Haben Sie alle Gerichte gestrichen? Sagen Sie *Bingo*.

Ich nehme den Kartoffelsalat. Ich nehme auch noch das Gulasch. Ich ...

1. der Fisch mit Reis
2. ~~das Gulasch~~
3. die Tomatensuppe
4. der Obstsalat

Verb: *nehmen*

ich	nehme	wir	nehmen
du	**nimmst**	ihr	nehmt
er/es/sie	**nimmt**	sie/Sie	nehmen

3 Hm, das schmeckt super!

a Was passt? Ordnen Sie zu.

Danke schön! • Du kochst sehr gut. • Hm, das schmeckt super. • Vielen Dank! • Die Suppe ist sehr lecker. • Danke, das freut mich. • Ja? Findest du? Danke! • Das sieht aber lecker aus.

Komplimente machen	antworten
______________________	______________________
______________________	______________________
______________________	______________________
______________________	______________________

b Kursspaziergang. Wählen Sie eine Aufgabe (A oder B). Machen Sie Komplimente.

A Arbeiten Sie mit den **Fotos in 2a**.

B Suchen Sie ein **Foto von Ihrem Lieblingsgericht** oder zeichnen Sie ein Bild.

Möchtest du den/das/die ... probieren?

Ja, gern. Hm, der/das/die ... schmeckt sehr gut. Du kochst sehr gut!

Ja? Findest du? Danke schön.

D Ich möchte bestellen.

1 Was machen wir bei der Feier?

1.45

a Was ist richtig? Hören Sie. Kreuzen Sie an.

1. Die Firmenfeier ist ...

a ☐ am Freitagmittag.

b ☐ am Freitagnachmittag.

c ☐ am Freitagabend.

2. Auf der Feier kann man ...

a ☐ im Internet surfen.

b ☐ Spiele spielen.

c ☐ tanzen.

3. Helen und Moritz bestellen ...

a ☐ den Fisch mit Reis.

b ☐ den Nudelsalat.

c ☐ die Nudeln mit Hähnchen.

4. Ein Kollege isst ...

a ☐ keinen Fisch.

b ☐ kein Fleisch.

c ☐ keinen Salat.

5. Der Partyservice hat ...

a ☐ keinen Alkohol.

b ☐ kein Wasser.

c ☐ keinen Saft.

Lernziele: ein Gespräch über eine Feier verstehen • Strategie: Fragen für ein Telefonat vorbereiten • ein Telefonat führen

b Kurskette: Was bestellen Sie? Sprechen Sie wie im Beispiel.

MENKEN Partyservice

MENKEN Partyservice

Hauptstraße 2
12000 Berlin
partyservice@example.net

Haben Sie Fragen?
Rufen Sie an: 0162 208 1430

Preis pro Person

Salat (mit Tomaten und Paprika)	3,80 €
Nudelsalat	3,50 €
Tomatensuppe	4,50 €
Nudeln mit Schweinefleisch	6,20 €
Fisch mit Reis	8,90 €
Hähnchen mit Pommes	7,20 €
Schokoladenkuchen	2,90 €
Obstsalat	3,10 €

- Ich nehme den Fisch mit Reis.
- Du bestellst den Fisch. Ich nehme das Hähnchen mit Pommes.

2 Fragen für ein Telefonat vorbereiten

1.45 **a Was möchten Helen und Moritz fragen? Hören Sie noch einmal. Schreiben Sie.**

1. Haben Sie ...?

b Welche Frage hat Helen vergessen? Lesen Sie. Unterstreichen Sie in a.

- MENKEN Partyservice, Oliver Maier, guten Tag.
- Hallo, Agravante hier. Ich möchte bestellen. Ich habe aber noch Fragen.
- Ja, gerne.
- Können Sie auch Salat ohne Tomaten machen?
- Ja, das ist möglich.
- Danke, das ist super. Jetzt die Getränke: Haben Sie auch Saft?
- Ja, wir haben Apfelsaft und Orangensaft.
- Oh, schön. Kann ich gleich bestellen?
- Sehr gerne, Frau Agravante.
- Gut. Ich nehme den Fisch mit Reis und ...

c Was möchten Sie fragen? Wählen Sie zu zweit zwei Gerichte. Schreiben Sie zwei Fragen.

Nudeln mit Hähnchen • Fisch mit Kartoffeln • Gurkensalat •
Nudeln ohne Fleisch • Obstsalat ohne Birnen •
Nudelsuppe • Fischsuppe • Apfelkuchen

1. Können Sie auch ... ohne ... machen?
2. Haben Sie auch ...?

d Variieren Sie den Dialog in b zu zweit. Stellen Sie Ihre Fragen aus c.

e Arbeiten Sie zu viert. Spielen Sie den Dialog. Das andere Paar macht Komplimente. Antworten Sie.

- Ihr sprecht sehr gut.
- Deine Fragen sind gut.

3 Alles klar? Wollen Sie mehr üben?

a Was hat Ihnen gefallen? War es schwer? War es leicht? Sprechen Sie im Kurs.

b Wiederholen Sie und üben Sie in der App. Wählen Sie A (leichte Übungen) oder B (schwere Übungen).

TREFFPUNKT

Restaurants in Deutschland

Möchten Sie heute Abend nicht kochen? Dann können Sie in einem Restaurant essen und Sie können aus 72.000 Restaurants wählen. Die Auswahl ist sehr groß und bunt. Haben Sie Appetit auf deutsche, italienische, türkische oder griechische Küche? Oder essen Sie lieber chinesisch, afrikanisch, indisch oder arabisch? Alles kein Problem! Aber welche Restaurants sind in Deutschland wirklich beliebt?

Viele Menschen in Deutschland gehen regelmäßig und oft in Restaurants. Meistens essen sie italienisch, deutsch, griechisch und chinesisch.

Chinesisch essen 38 Prozent von den Deutschen gern – zum Beispiel Wan-Tan-Suppe oder Peking-Ente.

Beliebt sind auch griechische Restaurants. Sie stehen mit 43 Prozent auf Platz drei. Dort kann man Gyros, Moussaka oder Strapatsada – das sind Eier mit Tomaten – essen.

Viele Menschen mögen auch sehr gern deutsche Gerichte wie Schnitzel. Deutsche Restaurants stehen mit 56 Prozent auf Platz zwei.

Auf Platz eins stehen italienische Gerichte. Die Deutschen lieben Pizza und Spaghetti! 58 Prozent gehen sehr gern italienisch essen.

(Datenquelle: statista.com)

1 Restaurants in Deutschland

a Was essen die Deutschen gern und oft? Lesen Sie. Ergänzen Sie die Zahlen oben.

b Richtig oder falsch? Lesen Sie noch einmal. Kreuzen Sie an.

	richtig	falsch
1. 72.000 Menschen in Deutschland kochen nicht gern.	☐	☐
2. Moussaka ist ein Gericht mit Tomaten und Eiern.	☐	☐
3. In deutschen Restaurants kann man Schnitzel essen.	☐	☐
4. Viele Deutsche mögen Pizza.	☐	☐

c Was essen Sie gern? Sprechen Sie im Kurs.

- Ich esse gern italienisch.
- Ich mag auch italienische Küche, aber ich esse noch lieber thailändisch.

Neues Restaurant in Bremen

Bremen hat ein neues Restaurant: *Beirut-Grill*. Das Restaurant ist nicht sehr groß, aber es ist sehr schön. Es hat vier Tische für 16 Personen. Der Chef heißt Bassam El Mansouri. Er ist 56 Jahre alt und er kommt aus Beirut. Auch seine Frau Badiaa und sein Sohn Chafik arbeiten im Restaurant. Bassam und Badiaa kochen und Chafik bedient die Gäste. Alle zusammen putzen und räumen das Restaurant auf. „Wir kochen traditionell libanesisch", sagt Bassam, „Wir haben nicht viele Gerichte, aber das Essen ist immer frisch und sehr lecker!"

Und wie finden die Gäste das Restaurant? Hier zwei Antworten:
Henrik M.: *„Ich bin mit meiner Freundin hier. Wir essen Tawouk – das ist Hähnchenfleisch. Es schmeckt super! Das Restaurant ist sehr gemütlich und der Kellner ist sehr nett. Wir kommen wieder!"*

Jamila H.: *„Familie El Mansouri ist sehr nett und das Essen ist sehr lecker, aber leider gibt es nur ein Gericht ohne Fleisch – Falafel. Und das Restaurant ist klein. Manchmal ist kein Tisch frei."*

Vorspeisen

Tabbouleh
Bulgur mit Gemüse

Couscous-Salat
Couscous mit Tomaten und Paprika

Hauptgerichte

Tawouk
Hähnchenfleisch mit Gemüse

Schawarma
Lammfleisch mit Gemüse und Brot

Falafel
Hummusbällchen mit Salat und Brot

Nachtisch

Halawet al Jibn
Mozzarella mit Sahnecreme

2 Neues Restaurant in Bremen

1.46

a **Wie ist das Restaurant? Lesen Sie und hören Sie. Schreiben Sie fünf Fragen zum Text. Ihre Partnerin / Ihr Partner antwortet.**

b **Was finden die Gäste gut? Was finden sie nicht gut? Lesen Sie noch einmal. Schreiben Sie.**

gut: ____________________

nicht gut: ____________________

c **Welches Gericht oben möchten Sie probieren? Sprechen Sie im Kurs.**

d Projekt. **Wo essen und trinken Sie gern in Ihrer Stadt? Machen Sie Fotos von Ihrem Lieblingsrestaurant oder Lieblingscafé und von der Speisekarte. Zeigen Sie die Fotos. Erzählen Sie im Kurs.**

Mein Lieblingsrestaurant heißt ... Es ist ... Man kann dort zum Beispiel ... essen. Das ist sehr lecker.

9 Termine

A Ich möchte einen Termin vereinbaren.

1 Die Post hat von halb acht bis sechs geöffnet.

a Was kann man dort machen? Sehen Sie die Fotos an. Arbeiten Sie mit der Bildleiste. Sprechen Sie im Kurs.

Die Post: Man kann dort ein Paket abgeben und ...

1.47

b Wann hat die Agentur für Arbeit geöffnet? Hören Sie. Korrigieren Sie oben.

c Wann hat ... geöffnet? Lesen Sie die Öffnungszeiten oben. Fragen Sie und antworten Sie.

Ich möchte heute ein Paket abgeben.

Die Post hat heute von ... bis ... Uhr geöffnet.

Verb *möchte-* + Infinitiv

	Position 2		Satzende
Ich	möchte	ein Paket	abgeben.

d Wählen Sie einen Ort in der Bildleiste. Wie sind die Öffnungszeiten in Ihrer Stadt? Suchen Sie im Internet. Schreiben Sie. Vergleichen Sie im Kurs.

e Sind die Öffnungszeiten in Ihrem Land ähnlich? Was ist anders? Sprechen Sie im Kurs.

In ... hat die Post immer von ... bis ... geöffnet, aber am Sonntag hat sie auch geschlossen.

das Bürgerbüro

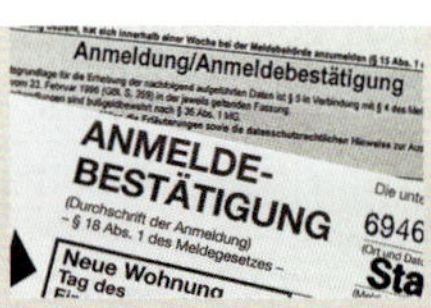

eine Wohnung anmelden

die Bank

Geld überweisen

die Post

ein Paket abgeben

Lernziele: (formelle) Durchsagen am Telefon verstehen • sagen, was man tun möchte • Termine vereinbaren • Informationen über

2 Haben Sie zwischen 15 und 17 Uhr einen Termin frei?

1.48

a Wann …? Hören Sie. Kreuzen Sie an.

1. Wann kann Herr Nazemi anrufen?
   - a ☐ zwischen 12 und 13 Uhr
   - b ☐ zwischen 12 und 18 Uhr
2. Wann ist der Termin?
   - a ☐ am Donnerstag um 10:45 Uhr
   - b ☐ am Donnerstag um 16:15 Uhr

b Lesen Sie zu zweit laut.

1.
- Agentur für Arbeit, guten Tag.
- Guten Tag. Mein Name ist Banar Nazemi. Ich möchte mit Frau Santini sprechen.
- Frau Santini ist nicht da. Sie arbeitet immer zwischen 12 und 18 Uhr. Können Sie am Dienstag zwischen 12 und 13 Uhr noch einmal anrufen?
- Am Dienstag?
- Ja, am Dienstag zwischen 12 und 13 Uhr.
- Okay, das geht. Ich rufe am Dienstag an. Auf Wiederhören.
- Auf Wiederhören.

2.
- Agentur für Arbeit, Nicole Santini.
- Guten Tag, hier ist Banar Nazemi. Ich möchte einen Termin vereinbaren. Ist es am Mittwoch um 17 Uhr möglich?
- Tut mir leid. Wir haben am Mittwoch nur bis 17 Uhr geöffnet. Geht es am Donnerstag um 10:45 Uhr?
- Hm, das geht leider nicht. Haben Sie am Donnerstag zwischen 15 und 17 Uhr einen Termin frei?
- Ja, um 16:15 Uhr.
- Oh, gut. Dann komme ich um 16:15 Uhr.
- Gut. Auf Wiederhören.
- Auf Wiederhören.

c Lesen Sie in b noch einmal. Korrigieren Sie die Sätze.

1. Frau Santini arbeitet immer ab 18 Uhr.
2. Die Agentur hat ab 17 Uhr geöffnet.
3. Herr Nazemi hat am Donnerstag bis 15 Uhr Zeit.

Ab wann?	Bis wann?	Wann?
ab 12 Uhr	**bis** 17 Uhr	**zwischen** 12 und 17 Uhr
•——▶	——▶•	•◀——▶•

d Variieren Sie die Dialoge in b zu zweit.

e Wählen Sie zu zweit eine Situation (A oder B). Wählen Sie eine Rolle in der App (1 oder 2). Ihre Partnerin / Ihr Partner wählt die andere Rolle. Spielen Sie einen Dialog. Vereinbaren Sie einen Termin.

A	B
Agentur für Arbeit	Volkshochschule

die Apotheke

Medikamente abholen

die Volkshochschule

einen Kurs machen

die Agentur für Arbeit

einen Job suchen

B Was musst du machen?

1 Wir müssen Hausaufgaben machen.

1.49

a Was muss Karim (K) machen? Was Todor (T)? Was beide (K+T)? Hören Sie. Ordnen Sie zu.

1. ☐ ☐ Hausaufgaben machen
2. ☐ ☐ ein Paket abgeben
3. ☐ ☐ zum Friseur gehen
4. ☐ ☐ zum Computerkurs gehen
5. ☐ ☐ zum Bürgerbüro gehen

b Ergänzen Sie.

1. Karim und Todor müssen ____________________ ____________
2. Karim muss ____________________ ____________
3. Karim muss ____________________ ____________
4. Todor muss ____________________ ____________
5. Karim muss ____________________ ____________

c Markieren Sie die Verben in b. Ergänzen Sie.

Modalverb: ***müssen***

ich	muss	wir	müssen
du	musst	ihr	müsst
er/es/sie	______	sie/Sie	______

	Position 2		Satzende
Ich	muss	Hausaufgaben	machen.

1.50

d Phonetik: *i* und *ü*. Hören Sie. Sprechen Sie nach.

1. iiiii – üüüüü – iiiii – üüüüü
2. wir – ihr – Sie
3. müssen – müsst – müssen

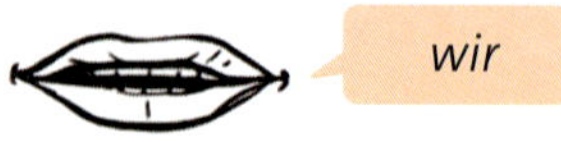

1.51

e Hören Sie. Sprechen Sie nach.

1. wir müssen – ihr müsst – Sie müssen
2. Wir haben einen Termin. – Wir müssen zum Bürgerbüro gehen.
3. Was müsst ihr machen? – Wir müssen Geld überweisen.

f Kursspaziergang: Was müssen Sie heute machen? Fragen Sie und antworten Sie zu dritt.

eine E-Mail schreiben • Medikamente abholen • eine Wohnung anmelden • Getränke kaufen • Geld überweisen • Deutsch lernen • zum Friseur gehen • arbeiten • einen Termin vereinbaren • einen Einkaufszettel schreiben • einen Job suchen • meine Chefin/Kollegin anrufen • einkaufen

- Was müsst ihr heute machen?
- Ich muss eine E-Mail schreiben. Und du?
- Ich muss ...

Lernziele: sagen, was man tun muss • sagen, wohin man geht • eine Notiz verstehen und schreiben • Informationen weitergeben •

2 Bin um elf wieder da!

22 **a Was passt? Sehen Sie das Video. Verbinden Sie.**

1. Karim
2. Martina

a kommt heute später.
b muss den Pass abholen.
c schreibt für die Kunden eine Information.
d braucht Medikamente.
e schließt um Viertel vor zehn den Kiosk.

22 **b Was schreiben Todor, Martina und Karim? Sehen Sie das Video noch einmal. Ergänzen Sie.**

Todor 7:52
Du musst heute zum ________________
fahren. Um 10! Nicht vergessen!

Martina 7:58
Kannst du heute den Kiosk aufmachen? Muss zum
__________ gehen. Komme später! M.

Martina 9:45
Hallo, Karim. Brauche Medikamente, muss
zur ________________ gehen. Bin um elf wieder da.

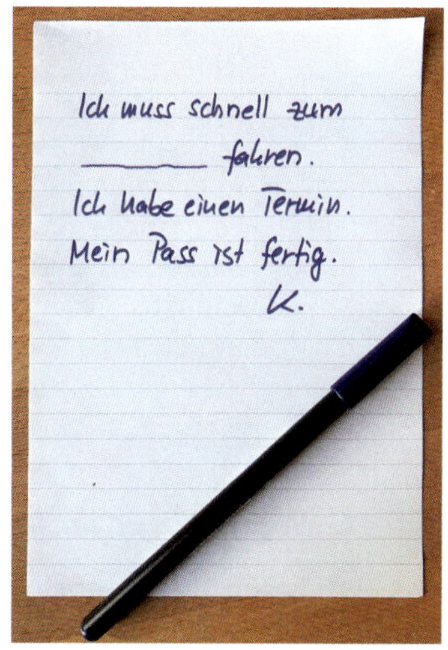

c Was fehlt in den Nachrichten von Martina? Lesen Sie noch einmal. Sprechen Sie im Kurs.

d Wohin gehen Sie? Ordnen Sie zu.

~~zum Bürgerbüro~~ • zur Bank • ~~zum Kiosk~~ • zur Apotheke • ~~zur Post~~ • zum Bäcker • zum Supermarkt • zur Arbeit • zum Kaufhaus

Wohin?

Ich gehe ...

zum Kiosk,	*zum Bürgerbüro,*	*zur Post,*
______	______	______
______		______

e Kursspaziergang. Schreiben Sie Orte aus d auf Karten. Fragen Sie und antworten Sie wie im Beispiel. Tauschen Sie die Karten.

- Wohin gehst du?
- Ich gehe zur Bank.
- Und was musst du dort machen?
- Ich muss/möchte noch Geld überweisen.

3 Kannst du bitte eine Nachricht schreiben?

1.52 **a Wann kann Todor mit Karim lernen? Hören Sie. Schreiben Sie die Nachricht von Martina für Karim.**

b Was ist gleich? Was ist anders? Vergleichen Sie Ihre Texte zu zweit.

C Ich rufe dich dann an.

1 Wer kommt mit?

a Wie ist die Reihenfolge? Lesen Sie. Ordnen Sie.

☐ **Felix**
Hallo, Karim! Ich habe am Freitag leider keine Zeit. Ich helfe Mama im Kiosk. Aber Helen und Peter mögen Basketball. Du kannst sie fragen. Felix

☐ **Karim**
Hi, Felix! Todor und ich gehen am Freitag zum Basketball. Satou Sabally spielt. Kennst du sie? Sie ist toll. Kommst du auch? VG!

☐ **Todor**
Hi, Karim, am Freitag ist ein Basketballspiel. Ich möchte es sehen. Satou Sabally spielt! Hast du Lust und Zeit? LG, Todor

☐ **Karim**
Lieber Todor, ja! Das ist eine super Idee! Du kannst auch Helen fragen. Und vielleicht kommt Felix auch mit? Ich frage ihn und rufe dich dann an. Karim

b Wer ist *sie, es, ihn* und *dich*? Lesen Sie noch einmal. Markieren Sie wie im Beispiel.

c Lesen Sie in a noch einmal. Ergänzen Sie.

Personalpronomen: Akkusativ

Nominativ	ich	du	er	es	sie	wir	ihr	sie (Pl.)	Sie
Akkusativ	mich	______	______	es	______	uns	euch	______	Sie

d Was passt? Ergänzen Sie.

1. Satou Sabally spielt in Berlin. Todor möchte ________ sehen.
2. Karim schreibt eine Nachricht an Felix. Er fragt ________.
3. Karim ruft Helen und Peter an. Er fragt ________.
4. Karim schreibt: „Todor, ich rufe ________ dann an."

e Wo ist ...? Arbeiten Sie zu zweit. Sprechen Sie wie im Beispiel. Zeigen Sie die Dinge.

der Schlüssel • die Brille • die Tickets • das Handy • die Schuhe • der Rucksack • die Tasche

- Wo ist der Schlüssel? Siehst du ihn?
- Ja, er ist hier.
- Stimmt, jetzt sehe ich ihn auch.

Lernziele: privat einen Termin vereinbaren • einen Termin höflich zu- oder absagen • Personalpronomen: Akkusativ

2 Ich kann am Freitag leider nicht mitkommen.

a Welche Antwort finden Sie höflich? Welche unhöflich? Lesen Sie. Markieren Sie auf der Skala.

Karim 16:59
Hallo! Todor und ich gehen am Freitag zum Basketball. Kommst du auch? LG, Karim

a **Helen** 17:21
Hi, Karim, die Idee ist schön. Ich habe aber keine Zeit, ich muss lernen. Viele Grüße, Helen

b **Helen** 17:21
Hi, Basketball am Freitag? Keine Zeit. H.

c **Helen** 17:21
Lieber Karim, ich kann am Freitag leider nicht zum Basketballspiel gehen. Ich muss für einen Test am Montag lernen. Der Test ist sehr wichtig für mich. Wir machen nächste Woche etwas zusammen, okay? Ich rufe dich an. Tschüs!

unhöflich — sehr höflich

1 ☐ 2 ☐ 3 ☐ 4 ☐ 5 ☐

b Vergleichen Sie im Kurs.

Ich finde Nachricht a höflich: 4.

3 Ich möchte heute kochen. Hast du Lust?

a Wählen Sie eine Aktivität. Schreiben Sie Ihrer Partnerin / Ihrem Partner eine Nachricht. Die App hilft.

zum Basketballspiel gehen • kochen • Karten spielen • Musik machen • Freunde besuchen • grillen • eine Party feiern • einen Computerkurs machen • ...

b Tauschen Sie Ihre Nachrichten zu zweit. Wählen Sie eine Aufgabe (A oder B). Antworten Sie.

A Eine Nachricht schreiben
Schreiben Sie eine Antwort.

B Eine Nachricht sprechen
Schicken Sie eine Audio-Nachricht als Antwort.

c Wie höflich ist die Antwort? Hören Sie oder lesen Sie die Nachricht. Geben Sie Feedback.

Ich finde die Nachricht von Damian nicht so höflich. Warum hat er keine Zeit? Das sagt er nicht.

D Morgen habe ich Zeit.

1 Geht es am Donnerstag?

1.53

a Wann ist der Termin? Hören Sie. Kreuzen Sie an.

Friseur: Mi, 16 Uhr

1 ☐

Friseur: Do, 11 Uhr

2 ☐

Friseur: Fr, 16 Uhr

3 ☐

1.53

b Was hören Sie? Hören Sie noch einmal. Markieren Sie.

~~Ich möchte ... Kommst du mit?~~ • Ich möchte einen Termin vereinbaren. • Geht es am ... um ... (Uhr)? • Ja, ich kann am ... um ... kommen. • ~~Am ... geht es nicht~~. • Haben Sie am ... einen Termin frei? • Tut mir leid. Am ... haben wir keinen Termin frei. • Ich habe leider am ... keine Zeit. • Können Sie am ... um ... kommen? • Ich kann am ... leider nicht kommen. • Hast du heute / am ... Zeit? • Ja, ich habe heute / morgen / am ... Zeit. • Ja, das geht. • Ja, wir haben heute bis ... geöffnet.

c Strategie: Redemittel ordnen und schnell finden. Welche Fragen und Antworten in b passen? Ordnen Sie zu.

einen Termin formell vorschlagen

____

____

____

einen Termin privat vorschlagen

Ich möchte ... Kommst du mit?

____

____

zusagen

Ja, ...

____

____

____

absagen

Am ... geht es nicht.

____

____

____

____

d Wie heißen die Überschriften in c in Ihren Sprachen? Schreiben Sie in c.

Lernziele: einen Termin vereinbaren • sich zum Deutschlernen und privat verabreden • Strategie: Redemittel ordnen und schnell finden

2 Das ist mein Terminkalender.

a Kursspaziergang. Vereinbaren Sie so viele Termine wie möglich. Eine Person arbeitet bei der Agentur für Arbeit und eine Person ist Friseurin/Friseur.
Vereinbaren Sie ...

1. einen Termin bei der Agentur für Arbeit,
2. einen Termin beim Friseur,
3. mindestens einen Termin für ein Picknick,
4. mindestens einen Termin zum Deutschlernen.

	Montag	Dienstag	Mittwoch	Donnerstag	Freitag	Samstag	Sonntag
8–12	9–12 Uhr Deutschkurs		9–12 Uhr Deutschkurs		9–12 Uhr Deutschkurs TEST!		
12–18		13:15 Uhr Bürgerbüro			17:30 Uhr Arzt	14 Uhr Familienfest	
18–22		19 Uhr Kochen mit Hanna und Yussuf					

b Wer hat noch Termine frei? Vergleichen Sie Ihre Terminkalender.

3 Alles klar? Wollen Sie mehr üben?

a Was hat Ihnen gefallen? Was war schwer? Was war leicht? Sprechen Sie im Kurs.

b Wiederholen Sie und üben Sie in der App. Wählen Sie A (leichte Übungen) oder B (schwere Übungen).

10 Mit Bus und Bahn

A Mit dem Bus oder zu Fuß?

1 Wie kommen Sie zum Kurs?

a Was denken Sie: Wie kommt Gabriela zum Kurs? Sprechen Sie zu zweit. Die Bildleiste hilft.

Ich glaube, sie fährt mit ...

1.54 **b Was sagt Gabriela? Wie kommt sie zum Kurs? Hören Sie. Kreuzen Sie an.**

1. ☐ mit dem Bus 2. ☐ mit dem Auto 3. ☐ mit dem Fahrrad 4. ☐ zu Fuß

c Welche Verkehrsmittel in b passen? Ergänzen Sie.

mit + Dativ

	maskulin	neutral	feminin	Plural
Sie fährt mit	dem ______	dem ______	der U-Bahn	den Kindern

1.55 **d Phonetik: Was ist betont? Hören Sie. Markieren Sie. Sprechen Sie nach.**

1. mit dem Bus – mit dem Auto – mit der U-Bahn 2. mit dem Freund – mit der Kollegin – mit den Kindern

e Kursspaziergang: Mit welchen Verkehrsmitteln fahren Sie oft? Mit welchen nie? Sprechen Sie im Kurs.

gesund • praktisch • bequem • unbequem • gut/schlecht für die Umwelt • teuer • billig

Ich fahre oft mit ... Das ist praktisch und bequem.

mit dem Auto

mit dem Fahrrad

mit der Straßenbahn

mit der S-Bahn

mit der U-Bahn

Lernziele: sagen, welche Verkehrsmittel man benutzt • Wortschatz zu Verkehrsmitteln in verschiedenen Sprachen vergleichen •

f Wie heißen die Wörter in Ihren Sprachen? Sammeln Sie im Kurs. Vergleichen Sie.

deutsch	Taxi	Auto	Bus	Fahrrad	Zug
englisch	...				

2 Mein Weg ist nicht weit.

a Wie fahren die Menschen zur Arbeit? Wie lange dauert es? Lesen Sie. Schreiben Sie.

Lange und kurze Wege zur Arbeit

Wie kommen die Menschen zur Arbeit? Fahren sie mit dem Auto? Nehmen sie den Bus? Oder gehen sie zu Fuß? Wir fragen heute Frau Huber und Herrn Bergmüller.

Frau Huber: Ich wohne in Petersdorf, aber ich arbeite in München. Das ist sehr weit. Ich muss jeden Tag mit dem Auto zur Arbeit fahren. Das dauert oft eine Stunde. Mein Mann ist Verkäufer. Er arbeitet im Supermarkt in Petersdorf. Er fährt immer mit dem Fahrrad. Das dauert nur 5 Minuten und ist sehr praktisch. Unser Sohn macht jetzt ein Praktikum beim Bäcker. Er muss nur 10 Minuten zu Fuß gehen.

Annegret Huber

Mike Bergmüller

Herr Bergmüller: Ich wohne in Augsburg. Ich arbeite bei MAN hier in Augsburg. Das ist nicht weit. Ich gehe 5 Minuten zu Fuß, dann fahre ich 10 Minuten mit der Straßenbahn und dann bin ich im Büro. Meine Tochter Emma wohnt in München. Sie arbeitet in der Apotheke. Sie muss zuerst mit dem Bus und dann noch mit der S-Bahn fahren. Sie braucht 40 Minuten zur Arbeit. Sie möchte aber nicht mit dem Auto fahren. Das ist schlecht für die Umwelt.

Frau Huber: mit dem Auto, 60 Minuten

b Wo arbeiten die Personen? Lesen Sie noch einmal. Markieren Sie. Ergänzen Sie.

Wo? (Dativ)

in: im ______________, im *Büro* ______________, in der ______________, in *München* ______________ *(Haus, Ort, Land)*

bei: beim ______________, bei der Ärztin, bei *MAN* ______________ *(Person, Firma)*

! bei + dem = beim   in + dem = im

c Wie fahren Sie zur Arbeit, zum Kurs oder zu Freunden? Wie lange dauert es? Schreiben Sie einen Text wie in a. Die App hilft.

d Welche Verkehrsmittel benutzen viele? Hängen Sie Ihre Texte im Kurs auf. Machen Sie eine Kursstatistik.

mit dem Zug

mit dem Taxi

mit dem Bus

mit dem Flugzeug

zu Fuß gehen

B Zuerst fahren Sie mit der U4.

1 Wie komme ich zum Zoo?

23

a Was ist richtig? Sehen Sie das Video. Kreuzen Sie an.

1. Wohin will die Frau fahren?
   - a ☐ zum Alexanderplatz
   - b ☐ zum Tierpark
   - c ☐ zum Zoo

2. Wie muss sie fahren?
   - a ☐ mit der U4 und der U3
   - b ☐ mit der U4 und der U1
   - c ☐ nur mit der U1

23

b Was ist das Problem? Sehen Sie das Video noch einmal. Sprechen Sie im Kurs.

c Was bedeuten die Symbole? Ordnen Sie zu.

die S-Bahn • der Aufzug • die U-Bahn • die Regionalbahn • der Bahnhof

- U1 ____________________
- S1 ____________________
- RE1 ____________________
- ____________________
- ____________________

d Sie sind an der Station *Stadtmitte*. Wie müssen Sie fahren? Variieren Sie zu zweit.

zur Richardstraße (U4, S1) • zum Osttor (U1, U2) • zum Kleistpark (U4, U3) • zur Friedrichstraße (U1, U2)

- Entschuldigung, wie komme ich zum Tierpark?
- Das ist einfach. Sie fahren zuerst mit der U4 Richtung Südbahnhof. Sie fahren bis zum Nollendorfplatz. Dort steigen Sie um. Dann fahren Sie mit der U3 Richtung Biesdorf.
- Und wo muss ich aussteigen?
- Sie fahren direkt bis zur Station Tierpark. Dort steigen Sie aus.

23

e Was ist für Karim nicht angenehm? Sehen Sie das Video noch einmal. Kreuzen Sie an.

1. ☐ Die Frau steht sehr nah.
2. ☐ Die Frau spricht sehr schnell.
3. ☐ Die Frau spricht sehr laut.

f Was ist für Sie angenehm, was nicht? Arbeiten Sie in Gruppen. Zeigen Sie.

Lernziele: nach dem Weg fragen und antworten • Fahrpläne verstehen • über Nähe/Distanz in der Öffentlichkeit sprechen •

2 Zuerst fahren Sie ...

24

a Was steht auf Position 1 und 3? Sehen Sie das Grammatik-Video. Ergänzen Sie.

Position 1	Position 2	Position 3	
______	fahren	______	mit der U-Bahn.
______	fahren	______	mit der U-Bahn.
______	fahren	______	mit dem Bus.
______	fahren	______	mit dem Bus.

b Bewegte Sätze. Arbeiten Sie zu viert. Wählen Sie 1, 2, 3 oder 4. Schreiben Sie einen Satz auf Karten.

1. zuerst mit der U4 fahren
2. dann bis zum Hauptbahnhof fahren
3. dort umsteigen
4. dann mit der S1 fahren

c Tauschen Sie Ihre Karten mit einer anderen Gruppe. Bilden Sie einen Satz mit den neuen Karten.

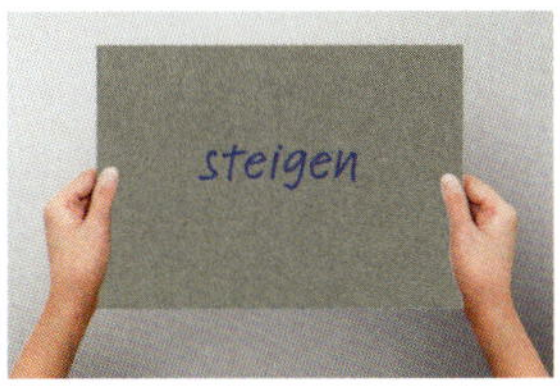

d Wie komme ich zum ... / zur ...? Arbeiten Sie mit dem Plan in 1c. Sie sind an der Station *Stadtmitte*. Wählen Sie ein Ziel. Schreiben Sie.

Zuerst fahren Sie mit ... Dort ... Dann ...

e Arbeiten Sie zu zweit. Lesen Sie Ihre Sätze vor, Ihre Partnerin / Ihr Partner sucht den Weg auf dem Plan. Tauschen Sie dann die Rollen.

3 Was kostet die Fahrkarte?

1.56

a Wo kauft die Frau die Fahrkarte? Hören Sie. Kreuzen Sie an.

1. ☐ online mit der App
2. ☐ am Automaten
3. ☐ im Bus
4. ☐ in der U-Bahn

1.56

b Welche Antwort passt? Verbinden Sie. Hören Sie noch einmal zur Kontrolle.

1. Wann fährt die U-Bahn?
2. Wo kann ich eine Fahrkarte kaufen?
3. Was kostet eine Fahrkarte?
4. Kann ich direkt fahren?

a Sie kostet 2,90 €.
b Ja, Sie müssen nicht umsteigen.
c Am Automaten.
d Die U1 fährt in fünf Minuten.

c Wählen Sie eine Situation (A oder B). Spielen Sie zu zweit einen Dialog. Die App hilft.

A

Wie komme ich zur Post?

B

Wo kann ich eine Fahrkarte kaufen?

C Das ist verboten!

1 Erlaubt oder verboten?

1.57

a Welche Schilder passen? Hören Sie. Ordnen Sie zu.

A ☐

B ☐ 1

C ☐

D ☐

b Was bedeuten die Schilder? Ergänzen Sie in a.

1. Man darf in der S-Bahn das Fahrrad mitnehmen.
2. Man darf in der U-Bahn nicht essen.
3. Man darf im Bahnhof nicht rauchen.
4. In der U-Bahn ist Alkohol verboten.

c Was darf man nicht? Lesen Sie die Sätze in b. Ergänzen Sie.

Modalverb: *dürfen*

	Position 2		Satzende
Man	darf	in der U-Bahn keinen Alkohol	trinken.
Man	______	im Bahnhof nicht	______.

ich	darf	wir	dürfen
du	darfst	ihr	dürft
er/es/sie	darf	sie/Sie	dürfen

d Kennen Sie die Schilder? Was bedeuten sie? Fragen Sie und antworten Sie.

1

2

3

4

5

● Was bedeutet das Schild 4?
● Das bedeutet: Man darf hier baden. Das ist erlaubt.

Man darf hier ... Das ist erlaubt.	Man darf hier nicht ... / Man darf hier kein/e ...
... ist/sind hier erlaubt.	Das ist verboten. Das ist nicht erlaubt.

e Was darf man (nicht) tun? Wie ist das in Ihrer Stadt? Was kennen Sie aus anderen Ländern? Sprechen Sie im Kurs.

● Darf man im Bus ...?
● Ja/Nein, man darf (nicht) ...

Lernziele: sagen, was erlaubt oder verboten ist • Hinweisschilder verstehen • über Regeln und Verbote sprechen •

2 Warum ist das verboten?

a Über welche Regeln und Verbote schreiben die Personen? Lesen Sie. Schreiben Sie die Namen.

Interessantes über Deutschland ✕ +

In Deutschland gibt es viele Verbote und Regeln.

Findet ihr die Regeln richtig? Hier könnt ihr eure Meinung schreiben.

Irina, Hamburg
Ich bin 16. Ich darf Bier und Wein trinken, das ist erlaubt. Ich darf aber nicht rauchen. Man darf erst ab 18 rauchen. Warum darf ich Bier trinken, aber nicht rauchen? Ich weiß, Rauchen ist nicht gesund, aber Alkohol auch. Ich finde das Verbot komisch. Ich verstehe das nicht.

Jacques, München
Ich bin Musiker und ich mache gern Musik auf der Straße. In München darf man auf der Straße Musik machen, aber man muss für den Platz 10 Euro bezahlen. Das finde ich nicht gut. Ich habe nicht viel Geld.

Katharina, Stuttgart
Auf dem Spielplatz sind Hunde verboten. Das finde ich richtig. Ich habe eine Tochter. Sie ist noch klein und sie mag keine Hunde. Sie hat Angst!

Selim, Berlin
In der U-Bahn ist Essen und Trinken verboten. Aber viele machen das! Und ich manchmal auch. Warum darf man in der U-Bahn nicht essen und trinken? Im Zug darf man auch essen.

1. Essen und Trinken in der U-Bahn verboten ____________ [?]
2. Hunde auf dem Spielplatz verboten ____________ [ ]
3. Rauchen verboten ____________ [ ]
4. für einen Platz zum Musizieren bezahlen ____________ [ ]

b Wie finden die Personen die Regeln? Lesen Sie noch einmal. Ergänzen Sie in a.

+ (gut) **?** (die Person versteht es nicht) **–** (nicht gut)

c Wie finden Sie die Verbote und Regeln in a? Welche kennen Sie noch? Finden Sie sie wichtig? Sprechen Sie im Kurs.

Man darf ..., aber man darf nicht ...	Das finde ich gut / richtig / nicht gut / komisch.
... ist/sind (nicht) erlaubt.	Ich verstehe das (nicht). Viele machen das.

3 In unserem Kurs darf man ...

a Was ist im Kurs erlaubt? Was darf man (nicht)? Sprechen Sie im Kurs.

Man darf im Unterricht (nicht) ...

b Und Ihre Regel für den Kurs? Arbeiten Sie zu zweit. Zeichnen Sie ein Schild. Schreiben Sie das Verbot oder die Regel dazu.

Man darf nicht Skateboard fahren.

c Wie finden Sie die Regeln? Sprechen Sie im Kurs.

Das finde ich gut/lustig/wichtig ...

D Muss ich umsteigen?

1 Wie kann Frau Manhas fahren?

Lesen Sie den Fahrplan. Schreiben Sie Antworten.

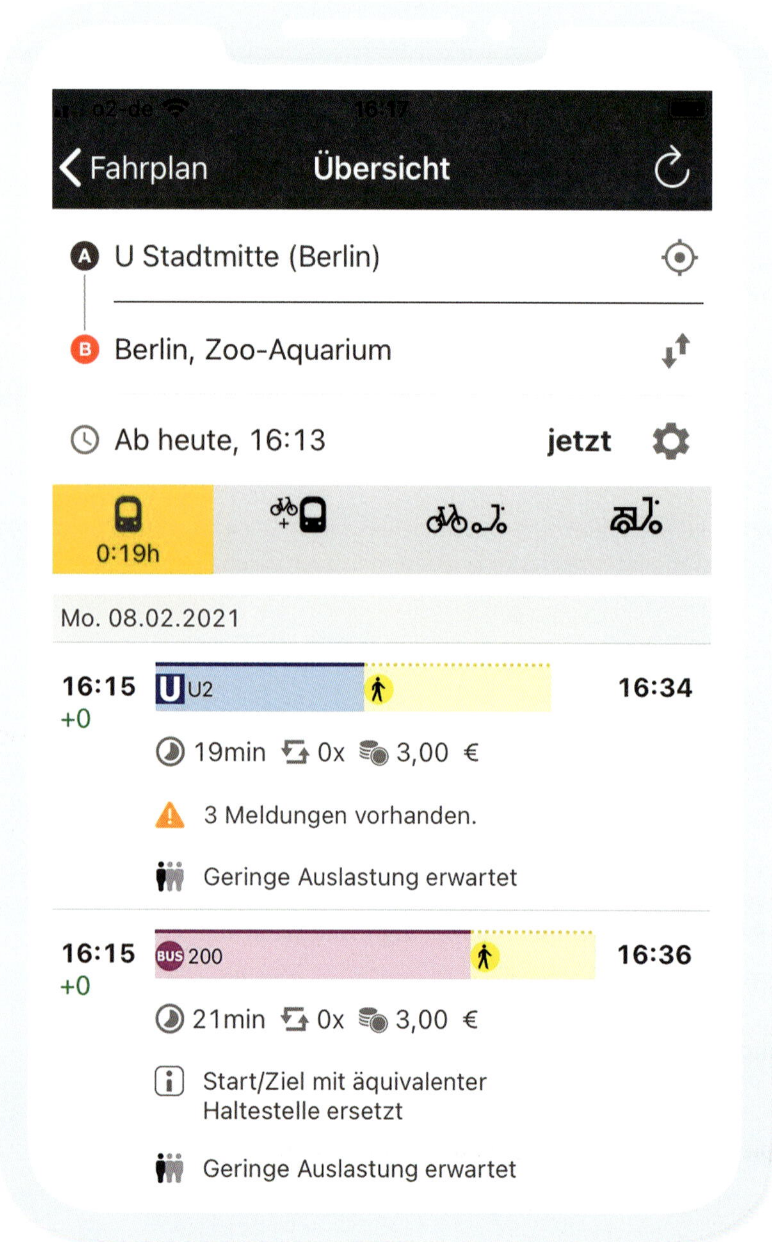

1. Wo startet Frau Manhas? ______________________
2. Wohin fährt sie? ______________________
3. Wie kann sie fahren? ____________ oder ____________
4. Wie lange dauert es? ____________ oder ____________
5. Muss sie umsteigen? ______________________
6. Was kostet die Fahrkarte? ______________________

Lernziele: sagen, wie man fahren muss • Apps mit Fahrplänen verstehen • Strategie: Wörter in Wortgruppen lernen •

2 Wörter in Wortgruppen lernen

a Mit welchen Verkehrsmitteln fahren Sie oft? Schreiben Sie.

– mit dem Auto
– ...

b Arbeiten Sie zu zweit. Lesen Sie die Wörter in a laut. Ihre Partnerin / Ihr Partner wiederholt.

c Wo? Wohin? Schreiben Sie.

der Arzt • die Bank • die Apotheke • der Bäcker • der Supermarkt • die Freundin • der Chef • der Friseur

Wo?	Wohin?
beim Arzt	zum Arzt

d Kursspaziergang: Wo? Wohin? Wie? Fragen Sie und antworten Sie.

Wo bist du? – Beim Arzt.

Wohin fährst du dann? – Zur Arbeit.

Und wie? – Mit dem Bus.

3 In Ihrer Stadt unterwegs

a Wie kommt man zum ... / zur ... in Ihrer Stadt? Arbeiten Sie zu zweit. Wählen Sie einen Ort (A oder B). Ihre Partnerin / Ihr Partner wählt den anderen Ort. Suchen Sie eine Verbindung von Ihrer Sprachschule. Benutzen Sie das Internet oder eine App. Schreiben Sie.

Bibliothek A	Bürgerbüro B

Wie kann man fahren?

Wann fährt der Bus / die U-Bahn / ...?

Wann ist man da?

Was kostet die Fahrkarte?

b Fragen Sie nach dem Weg. Spielen Sie einen Dialog mit den Informationen in a.

Entschuldigung, wie komme ich zu ...?	Zuerst fahren Sie mit ... Dann ...
Muss ich umsteigen?	Ja, Sie steigen an der Station ... um. / Nein.
Wo muss ich aussteigen?	Sie fahren bis zur Station ... Dort steigen Sie aus.
Wie lange dauert es?	Es dauert ... Minuten / eine Stunde.
Was kostet die Fahrkarte?	Sie kostet ... Euro.

4 Alles klar? Wollen Sie mehr üben?

a Was hat Ihnen gefallen? Was war schwer? Was war leicht? Sprechen Sie im Kurs.

b Wiederholen Sie und üben Sie in der App. Wählen Sie A (leichte Übungen) oder B (schwere Übungen).

TREFFPUNKT

Mein Schulweg

Wir wohnen auf einer Insel im Titicacasee. Meine Schule ist auch auf einer Insel. Ich stehe jeden Morgen um sechs Uhr auf. Dann fahre ich mit dem Boot zu meiner Cousine und ich hole sie ab. Das dauert nur fünf Minuten. Wir fahren zusammen mit dem Boot zur Schule. Das dauert zehn Minuten. Ich mag den See und mein Boot sehr.

Aliku, 15 Jahre, Peru

Ich wohne in Wiek auf Rügen. Das ist eine Insel in Norddeutschland. Auf der Insel ist nur ein Gymnasium – in der Stadt Bergen. Ich gehe immer um zwanzig nach sechs aus dem Haus. Der Schulbus kommt um 6:30 Uhr. Der Weg zur Schule dauert lange, der Bus muss alle Kinder von der Insel abholen. Wir sind dann um halb acht in der Schule. Der Bus braucht leider so lange!

Alva, 13 Jahre, Deutschland

Wir wohnen in einem Dorf in den Bergen. Ich gehe um halb sechs zur Schule. Zu Fuß natürlich. Die Schule ist oben auf einem Berg. Zuerst laufe ich eine Stunde allein. Dann treffe ich meinen Freund und wir laufen noch eine Stunde zusammen. Aber dann sind wir in der Schule. Zuerst singen wir und danach lernen wir sechs Stunden. Ich bin manchmal ein bisschen müde, aber ich gehe gern zur Schule. Ich lerne gern.

Honglin, 8 Jahre, China

1 Mein Schulweg

a Wie kommen die Kinder zur Schule? Wie lange dauert es? Lesen Sie. Verbinden Sie.

1. Aliku — zwei Stunden
2. Alva — 15 Minuten
3. Honglin — 60 Minuten

Aliku fährt mit ... Das dauert ...

b Lesen Sie noch einmal. Antworten Sie.

1. Wo wohnen die Kinder?
2. Wo ist die Schule?
3. Mit wem gehen oder fahren die Kinder zur Schule?

Unser Tipp:

Die Mitfahrbank in Priort

Haben Sie einen Termin in der Stadt beim Arzt oder mit Freunden und der Bus kommt erst in drei Stunden? Endlich gibt es eine neue Möglichkeit: die Mitfahrbank! Wie funktioniert sie? Ganz einfach: Sie sitzen auf der Bank. Bald kommt ein Auto und nimmt Sie mit. Sie fahren dann zusammen. Das ist kostenlos und bestimmt auch nett!

Quiz: Wie lange dauert es?

Wie lange dauert es ...

1. mit dem Auto von Mainz nach Mannheim?
   - a ☐ 39 Minuten
   - b ☐ 1 Stunde und 8 Minuten
   - c ☐ 3 Stunden und 17 Minuten
2. mit dem Fahrrad von Dresden nach Köln?
   - a ☐ 33 Stunden
   - b ☐ 73 Stunden
   - c ☐ 133 Stunden
3. mit dem Zug von Rostock nach Freiburg?
   - a ☐ 9 Stunden
   - b ☐ 16 Stunden
   - c ☐ 1 Tag und 2 Stunden
4. zu Fuß von Hamburg nach München?
   - a ☐ 13 Tage
   - b ☐ 20 Tage
   - c ☐ 42 Tage

2 Die Mitfahrbank in Priort

a **Was denken Sie: Was ist eine Mitfahrbank? Sprechen Sie im Kurs.**

1.58 **b** **Waren Ihre Vermutungen richtig? Lesen Sie und hören Sie. Sprechen Sie im Kurs.**

3 Quiz: Wie lange dauert es?

a **Suchen Sie die Orte auf einer Deutschlandkarte. Arbeiten Sie zu zweit. Lösen Sie das Quiz.**

b **Ist Ihre Lösung richtig? Kontrollieren Sie unten.**

c Projekt. **Arbeiten Sie zu zweit. Schreiben Sie vier Quizfragen. Tauschen Sie Ihr Quiz mit einem anderen Paar. Lösen Sie das neue Quiz.**

1. Wie lange dauert es mit dem Zug von Halle nach Berlin?
a 30 Minuten *b 60 Minuten* *c 80 Minuten*

Lösung zu 3a: 1 b; 2 a; 3 a; 4 b

Grammatik im Überblick

Wörter

Sätze

Unregelmäßige Verben (Liste)

Wörter

1 Verben im Präsens

1.1 Regelmäßige Verben

	kommen	heißen	arbeiten
ich	komme	heiße	arbeite
du	kommst	heißt	arbeitest
er/es/sie	kommt	heißt	arbeitet
wir	kommen	heißen	arbeiten
ihr	kommt	heißt	arbeitet
sie/Sie	kommen	heißen	arbeiten

▶ Kapitel 1, 2

1.2 Verben mit Vokalwechsel

	a → ä	*e → ie*	*e → i*	*au → äu*
	fahren	**sehen**	**sprechen**	**laufen**
ich	fahre	sehe	spreche	laufe
du	fährst	siehst	sprichst	läufst
er/es/sie	fährt	sieht	spricht	läuft
wir	fahren	sehen	sprechen	laufen
ihr	fahrt	seht	sprecht	lauft
sie/Sie	fahren	sehen	sprechen	laufen

auch:
a → ä: schlafen (du schläfst), tragen (du trägst), einladen (du lädst ein), anfangen (du fängst an)
e → ie: lesen (du liest), aussehen (du siehst aus)
e → i: treffen (du triffst), essen (du isst), helfen (du hilfst), nehmen (du nimmst), geben (du gibst)

▶ Kapitel 1, 2, 5

1.3 Unregelmäßige Verben

	haben	sein	mögen	möchte-
ich	habe	bin	mag	möchte
du	hast	bist	magst	möchtest
er/es/sie	hat	ist	mag	möchte
wir	haben	sind	mögen	möchten
ihr	habt	seid	mögt	möchtet
sie/Sie	haben	sind	mögen	möchten

▶ Kapitel 1, 2, 4, 7, 8

1.4 Trennbare Verben

auf|machen — er macht ... auf

		Position 2		Satzende
	Karim	macht	die Tür	auf.
W-Frage:	Wann	kaufst	du	ein?
Ja-/Nein-Frage:		Kaufst	du gern	ein?

auch: zu|machen, an|machen, aus|machen, an|ziehen, aus|ziehen, auf|räumen, vor|bereiten, ...

► Kapitel 6

1.5 Modalverben

	können	**müssen**	**dürfen**
ich	**kann**	**muss**	**darf**
du	**kannst**	**musst**	**darfst**
er/es/sie	**kann**	**muss**	**darf**
wir	können	müssen	dürfen
ihr	könnt	müsst	dürft
sie/Sie	können	müssen	dürfen

	Position 2 Modalverb		Satzende Infinitiv	
Felix	kann	Musik	organisieren.	= *Das ist möglich.*
Ich	muss	heute	arbeiten.	= *Es ist notwendig.*
Man	darf	im Bahnhof (nicht)	rauchen.	= *Es ist verboten/erlaubt.*

► Kapitel 8, 9, 10

2 Verben mit Ergänzungen

2.1 Verben mit Akkusativ

Brauchst du einen Tisch?

Nein, ich **habe** einen Tisch. Aber ich **kaufe** ein Bett.

auch: möchte-, nehmen, ...

► Kapitel 4, 8

3 Artikel und Nomen

3.1 Artikelwörter

	maskulin	**neutral**	**feminin**	**Plural**
definit	**der** Tisch	**das** Heft	**die** Tasche	**die** Stifte
indefinit	**ein** Tisch	**ein** Heft	**eine** Tasche	– Stifte
kein	**kein** Tisch	**kein** Heft	**keine** Tasche	**keine** Stifte
Possessivartikel	**mein** Tisch	**mein** Heft	**meine** Tasche	**meine** Stifte

► Kapitel 2, 3, 4

3.2 Singular und Plural

Singular *(ein/eine)*	Plural *(zwei und mehr)*	Singular *(ein/eine)*	Plural *(zwei und mehr)*
der Stift	**die** Stift**e**	die Brille	**die** Brille**n**
der Stuhl	**die** St**ü**hl**e**	die Tür	**die** Tür**en**
das Bild	**die** Bild**er**	das Handy	**die** Handy**s**
das Buch	**die** B**ü**ch**er**	die Ärztin	**die** Ärztin**nen**
der Computer	**die** Computer		

▶ Kapitel 4

3.3 Nominativ, Akkusativ, Dativ

Nominativ	maskulin	neutral	feminin	Plural
definit	**der** Tisch	**das** Heft	**die** Tasche	**die** Stifte
indefinit	**ein** Tisch	**ein** Heft	**eine** Tasche	– Stifte
kein	**kein** Tisch	**kein** Heft	**keine** Tasche	**keine** Stifte

▶ Kapitel 3

Akkusativ	maskulin	neutral	feminin	Plural
definit	**den** Tisch	**das** Heft	**die** Tasche	**die** Stifte
indefinit	**einen** Tisch	**ein** Heft	**eine** Tasche	– Stifte
kein	**keinen** Tisch	**kein** Heft	**keine** Tasche	**keine** Stifte

▶ Kapitel 4, 8

Dativ	maskulin	neutral	feminin	Plural
definit	**dem** Tisch	**dem** Heft	**der** Tasche	**den** Stifte**n**
indefinit	**einem** Tisch	**einem** Heft	**einer** Tasche	– Stifte**n**
kein	**keinem** Tisch	**keinem** Heft	**keiner** Tasche	**keinen** Stifte**n**

▶ Kapitel 10

3.4 Possessivartikel

Nominativ	maskulin	neutral	feminin	Plural
ich	**mein** Vater	**mein** Kind	**meine** Mutter	**meine** Eltern
du	**dein** Vater	**dein** Kind	**deine** Mutter	**deine** Eltern
er/es	**sein** Vater	**sein** Kind	**seine** Mutter	**seine** Eltern
sie	**ihr** Vater	**ihr** Kind	**ihre** Mutter	**ihre** Eltern
sie/Sie	**ihr/Ihr** Vater	**ihr/Ihr** Kind	**ihre/Ihre** Mutter	**ihre/Ihre** Eltern

▶ Kapitel 2, 4

Akkusativ	**meinen** Vater	**mein** Kind	**meine** Mutter	**meine** Eltern
Dativ	**meinem** Vater	**meinem** Kind	**meiner** Mutter	**meinen** Eltern

▶ Kapitel 4, 10

3.5 Null-Artikel

(= kein Artikel)

Ich trinke gern – Wasser. Ich esse gern – Fisch.

► Kapitel 7

4 Pronomen

4.1 Personalpronomen

Nominativ	ich	du	er	es	sie	wir	ihr	sie	Sie
Akkusativ	mich	dich	ihn	es	sie	uns	euch	sie	Sie

► Kapitel 3, 9

4.2 Das Pronomen *man*

In Deutschland isst **man** sehr gern Obst. = *In Deutschland essen viele Personen sehr gern Obst.*

► Kapitel 7

5 Präpositionen

5.1 Lokale Präpositionen

Woher?	aus	Ich komme **aus** Berlin.	*Stadt, Ort*
		Ich komme **aus** Bulgarien.	*Land*
		! Ich komme **aus** dem Irak / **aus** der Türkei / **aus** den USA.	

► Kapitel 1

Wo?	bei	Ich arbeite **bei** Aldi.	*Firma*
		Ich bin noch **beim** Arzt.	*Person*
	in	Ich wohne **in** München.	*Stadt, Ort*
		Ich wohne **in** Deutschland.	*Land*
		! Ich wohne **im** Irak / **in** der Türkei / **in** den USA.	
		Ich arbeite **in** der Apotheke.	*Haus*

bei + dem = beim; in + dem = im

► Kapitel 2, 10

Wohin?	zu	Wann gehst du **zum** Arzt?	*Person*
		Ich muss noch **zur** Bank gehen.	*Haus*
		Wie komme ich **zum** Bahnhof?	*Ort*

zu + dem = zum; zu + der = zur

► Kapitel 9, 10

5.2 Temporale Präpositionen

Wann?	an	Ich frühstücke **am** Morgen nicht.	*Tageszeit*
		! Ich schlafe **in** der Nacht.	
		Am Montag habe ich Deutschkurs.	*Wochentage*
	um	Meine Arbeit fängt **um** acht Uhr an.	*Uhrzeit*
	von ... bis	Ich habe **von** 9:30 Uhr **bis** 10 Uhr Pause.	
		Von Montag **bis** Mittwoch habe ich frei.	
	zwischen	Ich rufe dich **zwischen** acht und neun Uhr an.	
	ab	Das Geschäft hat **ab** 10 Uhr geöffnet.	
	vor	Es ist zehn **vor** zwölf.	
	nach	Es ist zehn **nach** zwölf.	

▶ Kapitel 5, 6, 9

5.3 Präpositionen *als, für, mit, ohne, von*

als *(Nominativ)*	Karim arbeitet **als** Verkäufer.
für *(Akkusativ)*	Was ist wichtig **für** dich?
mit *(Dativ)*	Fährst du jeden Tag **mit** dem Bus?
	Ich mag Pizza **mit** Käse und Salami.
ohne *(Akkusativ)*	Ich trinke Kaffee immer **ohne** Milch.
von *(Dativ)*	Wie heißt die Mutter **von** Samira?

▶ Kapitel 2, 3, 4, 7, 10

6 Adjektive

6.1 Adjektive nach dem Nomen

Der Laptop ist **neu**. Er ist **klein**.
Das Regal ist nicht **schön**, aber es ist **groß**.

▶ Kapitel 3

7 Wortbildung

7.1 Berufe: maskulin und feminin

Mann	**Frau**
der Lehrer	die Lehrer**in**
der Taxifahrer	die Taxifahrer**in**
der Hausmann	die Haus**frau**

▶ Kapitel 2

7.2 Nomen + Nomen (Komposita)

der Milch**kaffee** ↑   **das** Mittag**essen** ↑   **die** Tomaten**suppe** ↑

▶ Kapitel 8

Grammatik im Überblick

Sätze

1 Aussagesätze

	Position 2		Satzende	
Karim	arbeitet	als Verkäufer.		
Er	ruft	Martina	an.	*trennbare Verben*
Er	kann	nicht	arbeiten.	*Modalverben*
Heute	hat	er frei.		

▶ Kapitel 1, 6, 8, 10

2 Fragesätze

2.1 W-Fragen

	Position 2		Satzende	
Wie	heißen	Sie?		Ich heiße Martina Schmittke.
Woher	kommen	Sie?		Ich komme aus Deutschland.
Wo	wohnen	Sie?		Ich wohne in Berlin.
Was	essen	Sie gern?		Ich esse gern Fisch und Reis.
Wohin	fahren	Sie?		Ich fahre nach Hause.
Wen	rufen	Sie	an?	Ich rufe meinen Freund Peter an.
Wann	müssen	Sie	arbeiten?	Ich arbeite von 7 bis 18 Uhr.

▶ Kapitel 1

2.2 Ja-/Nein-Fragen

	Arbeitest	du heute?		Nein.
	Hast	du jetzt Zeit?		Ja.
	Kommst	du heute	mit?	Ja.
	Kannst	du einen Kuchen	backen?	Leider nein.

▶ Kapitel 5

3 Verneinung im Satz

3.1 *kein*

Hier ist ein Tisch.

Hier ist **kein** Tisch.

▶ Kapitel 3

3.2 *nicht*

- Wie geht es dir? — **Nicht** gut.
- Was machst du beruflich? — Ich arbeite **nicht**. Ich bin Hausfrau.
- Hast du gestern gearbeitet? — Nein, ich habe gestern **nicht** gearbeitet.

▶ Kapitel 1, 2

4 Sätze verbinden

4.1 *zuerst, dann, danach*

Position 1	Position 2	Position 3	
Sie	fahren	zuerst	mit der U2.
Zuerst	fahren	Sie	mit der U2.
Sie	fahren	dann	mit dem Bus.
Dann	fahren	Sie	mit dem Bus.
Sie	steigen	danach	um.
Danach	steigen	Sie	um.

► Kapitel 10

Unregelmäßige Verben

Infinitiv	3. Person Sg. Präsens
ab|geben	sie/er gibt ab
an|fangen	sie/er fängt an
aus|sehen	sie/er sieht aus
ein|laden	sie/er lädt ein
essen	sie/er isst
fahren	sie/er fährt
geben	sie/er gibt
helfen	sie/er hilft
laufen	sie/er läuft
leid|tun	es tut leid
lesen	sie/er liest
mit|nehmen	sie/er nimmt mit
nehmen	sie/er nimmt
schlafen	sie/er schläft
sehen	sie/er sieht
sprechen	sie/er spricht
treffen	sie/er trifft
tun	sie/er tut
vergessen	sie/er vergisst
wissen	sie/er weiß

Hier finden Sie alle Hörtexte, die nicht oder nicht vollständig im Buch abgedruckt sind.

1 Willkommen!

B, 3b

- Wie heißt du?
- Ich heiße Ariadne.
- Wie bitte? Wie schreibt man das?
- Ich buchstabiere: A–R–I–A–D–N–E.
- A–R–I–A–D–N–E, richtig?
- Ja, richtig.
- Danke.
- Bitte.

2 Berufe

A, 1b

eins

- Martina, was bist du von Beruf?
- Ich bin Verkäuferin. Ich arbeite im Kiosk.

zwei

- Felix, und was bist du von Beruf?
- Ich? Ich arbeite als Koch.

drei

- Helen, was machst du beruflich?
- Ich bin Mechatronikerin. Ich arbeite bei Mercedes-Benz.

A, 1c

- Hallo, Karim, guten Morgen! Wie geht es dir?
- Na ja, es geht. Du arbeitest schon!
- Tja, ich bin Verkäuferin ... Und du bist Verkäufer.
- Ja und nein. Ich arbeite jetzt als Verkäufer – in Deutschland. Aber ich bin Friseur von Beruf.
- Im Irak?
- Ja, im Irak.

B, 2b

- Guten Tag, Herr Schröder, und herzlich willkommen bei Radio Zwei. Sie sprechen heute über ein Buch von Rafik Schami.
- Ja, richtig. Rafik Schami ist Autor und er schreibt Bücher. Er ist aber auch Chemiker von Beruf.
- Chemiker – das ist interessant!
- Rafik Schami heißt richtig Suheil Fadel. Der Name Rafik Shami bedeutet *ein Freund aus Damaskus*.
- Aha. Damaskus ist in Syrien. Er kommt aus Syrien. Welche Sprachen spricht er? Deutsch und Arabisch?
- Ja, Deutsch und Arabisch. Er spricht auch Englisch und Französisch. Aber er schreibt auf Deutsch.
- Was macht ein Autor? Also – was macht Rafik Shami?
- Hmm, er trinkt viel Tee, spricht mit Menschen und er schreibt Bücher. Ein Buch heißt *Sami* ...

C, 1c+d

- Karim, warte. Wie ist deine Nummer?
- Wie bitte? Nummer?
- Ja, deine Telefonnummer.
- Ah, meine Handynummer! Aber das Handy ...
- Ja, Handy- oder Telefonnummer. Und? Wie ist deine Handynummer?
- Ähm, 0162 ...
- Ich schreibe ... 0163 ...
- Nein, 0162.
- Ah, 0162.
- Und dann: 2 0 8 3 ...
- Wie bitte? 2 0 8 2?
- Nein, 2 0 8 3.
- Aha.
- 6 4 0.
- ... 6 4 0.
- Richtig. Aber ...
- So, ich lese noch einmal: 0162 2083640.
- Ja, richtig. Aber ...
- Ja?
- Mein Handy ist kaputt.
- Kaputt? Oh.

D, 1b+c

- Guten Tag, hier ist der Altenpflegeservice Eterna? Richtig?
- Ja, richtig. Guten Tag. Wer sind Sie?
- Ich heiße Amalia Rodriguez.
- Ach ja, sehr gut, kommen Sie, Frau Rodriguez. Ich bin Frau Braun. Ich bin die Chefin hier.
- Aha, gut.
- Frau Rodriguez, was sind Sie von Beruf? Altenpflegerin?
- Ich bin Krankenpflegerin.
- Ah, das ist gut. Hier arbeiten Sie als Altenpflegerin.
- Ja, sehr gern.
- Gut, hier ist ein Formular.
- Entschuldigung, ich spreche nur ein bisschen Deutsch und ich brauche Hilfe.
- Okay, ich helfe gern.

D, 1d

- Okay, ich helfe gern. Was ist das Problem?
- Ähm, hier: *Familienname*. Ich verstehe das nicht.
- Familienname – das ist der Nachname.
- Ah, mein Nachname! Also Rodriguez ... und mein Vorname ist Amalia.
- Richtig.
- So. Jetzt die Adresse ... Oh, was ist der *Wohnort*?
- *Wohnort* bedeutet: Wo wohnen Sie?
- Ich wohne in Stuttgart.
- Gut, dann schreiben Sie: Stuttgart. Ja. Und hier die Postleitzahl.

Ah, PLZ – Postleitzahl. 70439. So, jetzt die Straße: Korntaler Straße. Aber wie schreibt man das?
Korntaler Straße? K–O–R–N–T–A–L–E–R. Und dann Straße: S–T–R–A–ß–E.
Ah, danke. So, und die Hausnummer ist 19.
Gut, jetzt noch der Beruf: Krankenpflegerin. Das schreiben Sie hier ... Krankenpflegerin ... genau. Und hier die Telefonnummer. Wie ist Ihre Telefonnummer?
Die Nummer ist 0162 2082682. Puh, fertig. Vielen Dank!
Gerne. Sie lernen Deutsch, oder?
Ja, im Kurs.
Sehr gut, Sie verstehen bald alles. Auf Wiedersehen, Frau Rodriguez, bis Montag!
Ja, danke. Auf Wiedersehen!

3 Orte und Dinge

B, 1b+c

eins

Hallo, Sara, wo arbeitest du?
Hallo. Ich arbeite bei MediCom. Ich bin Programmiererin. Und das ist mein Büro: Hier ist ein Tisch, ein Stuhl und ein Laptop. Der Laptop ist neu. Er ist klein, das ist super.

zwei

Hallo, Tom, wo arbeitest du?
Ich arbeite im Lager, ich bin Lagerist. Das ist gut, aber schwer. Schau, ich arbeite hier: Hier ist ein Tisch und ein Stuhl und hier steht ein Regal. Ich finde, das Regal ist nicht schön, aber es ist groß. Und hier ist ein Computer. Er ist wichtig.

drei

Hi, Yangmei, wo arbeitest du?
Ich bin Kellnerin. Ich arbeite im Café *Alfredo*. Hier ist eine Kasse und hier eine Kaffeemaschine. Die Kaffeemaschine ist alt, aber sie funktioniert. Ich finde, der Kaffee ist sehr lecker.

C, 1b

Meier.
Guten Tag, hier ist Bauer. Ist die Waschmaschine noch da?
Ja, sie ist noch da.
Ich habe zwei Fragen: Wie alt ist die Waschmaschine?
Sie ist alt – 18 Jahre.
Oh, okay. Und was kostet die Waschmaschine?
Sie kostet 20 Euro.
Aha. Das ist gut! Wie ist Ihre Adresse?
Friedensstraße 115, hier in Münster.
Danke, ich komme dann ...

4 Familie

A, 1b

Die Fotos sind sehr schön, Felix! Wer ist das?
Also, hier: Das ist meine Mutter und ...
Ah ja, klar, das ist Martina. Und das, das ist Peter – der Freund von Martina. Aber wer ist das?
Das ist mein Großvater Georg. Großvater ist toll. Er wohnt auch in Berlin!
Und wer ist das?
Das ist Christian, der Bruder von Mama, also mein Onkel. Er ist 53 Jahre alt. Und das ist Steffi, die Frau von Christian.
Aha, dann ist Steffi deine Tante.
Genau. Sie wohnen in Frankfurt.
Oh, in Frankfurt. Das ist weit!!! Und wer ist das?
Das sind Sven und Timo. Sie wohnen und arbeiten in Köln. Sven ist der Sohn von Christian und Steffi.
Aha, dann ist Sven dein Cousin. Und wer ist Timo?
Timo ist der Partner von Sven.
Aha, cool.
Schau mal, Karim, und das ist meine Cousine Hannah.
Wohnt sie auch in Köln? Wie Sven und Timo?
Nein, sie wohnt jetzt in Spanien und sie arbeitet in einem Hotel in Madrid.
Madrid – oh, das ist toll! Felix, deine Familie ist sehr interessant!

C, 2d, A

Meine Familie ist nicht so groß. Ich habe einen Sohn, Felix. Ich bin geschieden, aber ich habe einen Partner, er heißt Peter. Felix, Peter, mein Vater und ich, wir wohnen in Berlin. Ich sehe Felix, Peter und meinen Vater sehr oft. Mein Bruder Christian und seine Frau wohnen in Frankfurt. Sie haben einen Sohn, er wohnt in Köln. Ihre Tochter Hannah wohnt und arbeitet in Spanien. Ich besuche meinen Bruder und seine Familie nicht so oft. Aber sie kommen gerne nach Berlin.

5 Alltag und Freizeit

A, 2a+b

Guten Morgen, Helen!
Guten Morgen, Todor. Na, wie geht's?
Gut. Und dir?
Na ja ... Ich brauche jetzt einen Kaffee.
Und was machst du heute?
Also, ich gehe jetzt zur Arbeit.
Und am Nachmittag? Arbeitest du heute am Nachmittag?
Nein, ich arbeite heute nur am Vormittag.
Toll, hast du am Nachmittag Zeit?
Ja, ich habe frei! Und ich habe viel Zeit! Am Mittag koche ich.

- Und was machst du am Nachmittag?
- Hmm ... am Nachmittag ... Ich kaufe Lebensmittel und ich telefoniere. Und am Abend repariere ich den Kühlschrank von Martina.
- Oh, braucht Martina Hilfe?
- Ja, der Kühlschrank ist kaputt. Und was machst du heute?
- Ich habe heute Deutschkurs.
- Ich habe eine Idee: Spielen wir am Nachmittag Tischtennis?
- Hm ... Tischtennis?!?
- Ja! Tischtennis! Vielleicht kommt auch Karim? Komm, spielen wir?
- Okay, ja, wir spielen Tischtennis.
- Super, ich schreibe dann auch Karim. Jetzt gehe ich aber zur Arbeit. Bis später!
- Ja, gut, bis später!

D, 2a, B

- Willkommen bei Radio Happy. Heute sprechen wir mit Arif Schöneberg. Hallo, Herr Schöneberg, Sie haben ein Hobby: Musik ...
- Hallo! Ja, Musik ist mein Hobby. Und meine Arbeit.
- Ihre Arbeit?
- Ja, ich unterrichte Musik – ich mache Musikkurse für Kinder. Wir machen zusammen Musik und tanzen.
- Sehr schön. Und wann sind die Kurse?
- Die Kurse sind immer am Mittwochnachmittag und am Samstagvormittag.
- Herr Schöneberg, haben Sie noch einen Beruf?
- Ja, ich arbeite als Verkäufer.
- Und was machen Sie in Ihrer Freizeit? Auch Musik?
- Ja! Ich mache mit Freunden Musik und ich singe! Ich singe nicht gut, aber ich singe gern.
- Oh, das klingt schön! Vielen Dank, Herr Schöneberg. Die Musikkurse für Kinder finden Sie im Internet ...

6 Arbeitszeiten

A, 1b

Es ist neun Uhr. – Es ist fünf nach neun. – Es ist Viertel nach neun. – Es ist fünf vor halb zehn. – Es ist halb zehn. – Es ist fünf nach halb zehn. – Es ist zwanzig vor zehn. – Es ist Viertel vor zehn. – Es ist fünf vor zehn. – Es ist zehn Uhr.

A, 2b+c

- Hallo, Helen.
- Hallo, Felix. Wie geht es dir?
- Na ja, es geht. Sag mal, wie viel Uhr ist es?
- Halb zehn.
- Ah, okay, danke. Ich habe noch Zeit. Ich trinke einen Kaffee.
- Arbeitest du heute nicht? Hast du heute frei?
- Nein, ich arbeite. Meine Arbeit beginnt um 10 Uhr.
- Um zehn? Du bist Koch, oder?
- Ja, ich arbeite im Parkhotel – im Restaurant.
- Aha. Und wie sind deine Arbeitszeiten?
- Meine Arbeit beginnt am Vormittag um zehn Uhr. Ich koche das Essen und dann putze ich die Küche. Ich habe um Viertel vor zwei Pause. Ich esse mit den Kollegen. Und um Viertel nach zwei gehe ich nach Hause.
- Wie? Um Viertel nach zwei? Deine Arbeitszeiten sind super!
- Na ja, ich habe am Nachmittag nur Pause. Ich arbeite um sechs Uhr wieder.
- Ach so, ich verstehe. Aber was machst du am Nachmittag?
- Ach, na ja, ich surfe ein bisschen im Internet oder so.
- Und was machst du am Abend im Restaurant?
- Ach, ich koche und koche und koche. Um halb zehn habe ich Pause. Ich trinke mit Kollegen Kaffee und dann putze ich wieder die Küche.
- Hm, und wann hast du Feierabend?
- Um halb elf.
- Um halb elf!?! Dein Tag ist nicht einfach.

B, 2b

aufmachen – er macht auf – zumachen – er macht zu – einkaufen – er kauft ein – anmachen – er macht an – ausmachen – er macht aus – anziehen – er zieht an – ausziehen – er zieht aus – aufräumen – er räumt auf – vorbereiten – er bereitet vor – anrufen – sie ruft an

C, 3a, A

Hallo, ich bin Mustafa Sevinc. Ich bin Lehrer von Beruf, Biologielehrer. Ich erkläre Biologie, kontrolliere Hausaufgaben und korrigiere Tests.
Ich bin immer am Morgen um halb acht in der Schule. Der Unterricht fängt um acht Uhr an. Ich habe zwei Pausen: von halb zehn bis zehn Uhr und dann von eins bis zwei Uhr. Am Nachmittag habe ich um 16 Uhr Feierabend. Ich arbeite nicht am Wochenende – da ist keine Schule. Ich korrigiere aber manchmal am Sonntagabend Tests.

7 Essen

A, 1b

- Essen wir morgen zusammen? Ich koche!
- Toll, das ist eine super Idee! Und was kochst du?
- Hm ... Fisch und Reis? Mit Salat. Ich esse sehr gerne Fisch.
- Ja, ich mag auch Fisch. Aber ich esse auch gerne Fleisch.

Hm ... Ich esse kein Fleisch ...
Ich esse auch kein Fleisch. Aber Fisch und Reis esse ich gern!
Dann koche ich Fisch, Reis und Salat. Das mag ich. Und was trinkt ihr gern? Bier oder Wein?
Wein?! Ich trinke keinen Wein. Ich trinke sehr gern Tee, aber Helen trinkt keinen Tee. Sie trinkt nur Kaffee. Oder?
Ja, das stimmt. Aber nicht am Abend!
Gut, dann gibt es Tee für Karim und für mich Wein. Ich trinke gern Wein. Und du, Helen?
Hm, ich trinke einfach Wasser. Das trinke ich auch gern.

B, 3a+b

Also – wir kochen heute Abend bei Karim: Fisch, Reis und Salat. Wer kauft ein?
Ich und Karim, wir kaufen ein.
Gut, ich schreibe den Einkaufszettel. Was brauchen wir? Ich habe zu Hause Salz, Pfeffer und Öl. Wir brauchen Fisch. Wie viel?
Na ja, ein Kilo. Schreibst du? Ein Kilo Fisch. Und wir brauchen Butter.
Okay. Ein Stück?
Ja, ein Stück Butter.
Wir brauchen auch Reis! Wie viel brauchen wir?
Hm ... 500 Gramm.
Gut, 500 Gramm Reis ... Und für den Salat?
Einen Salat. Und Tomaten?
Ja, ein Kilo.
Okay, ein Kilo Tomaten.
Wir brauchen noch Getränke.
Stimmt. Ich habe Tee. Wir brauchen Wein für Felix und Wasser. Wie viel?
Drei Flaschen Wasser und eine Flasche Wein.
Gut, drei Flaschen Wasser und eine Flasche Wein. Helen, gehen wir?
Ja. Tschüs, Felix.
Tschüs und bis später.
Bis später!

D, 1c

Fleisch und Fisch, alles frisch ...
Hallo, Herr Krause! Ich möchte 2 kg Hähnchenfleisch. Ich koche eine Paella für 20 Personen. Wir haben heute im Restaurant viele Gäste.
So, bitte schön, das Hähnchenfleisch. Noch etwas?
Ja, Wurst, 750 Gramm, bitte.
Gern, 750 Gramm Wurst, bitte sehr.
Danke, ach ja, ich brauche auch noch Fisch, 2 kg. Das ist alles.
Das macht dann 45 Euro.
45 Euro, bitte schön. Vielen Dank und bis bald!

Hallo, Herr Schmittke, was möchten Sie heute?
Hallo, Herr Wasiri! Ich hätte gern 3 kg Tomaten, dann noch 6 Zitronen ...
Gern, hier sind die Tomaten und die Zitronen, noch etwas?
Ja, 5 kg Kartoffeln, bitte, und 1 kg Reis. Oh, ja, noch 15 Paprika, bitte. Das ist alles.
Gut, das macht dann ... 18 Euro.
Hier sind 20 Euro.
Und 2 Euro zurück, vielen Dank.
Danke auch, bis bald!

Guten Tag, Frau Hille, ich hätte gern 2 kg Äpfel.
Gerne.
Und 2 kg Birnen.
Hier sind die Äpfel und die Birnen, bitte schön, noch etwas?
Ähm ... ja, 1 kg Orangen bitte, so, das ist alles.
Das macht dann ... 8,50 Euro.
8,50 Euro, bitte schön.
Danke und auf Wiedersehen!
Danke auch, tschüs!

8 Eine Party

A, 2a+b

Liebe Zuhörinnen und Zuhörer, ich spreche heute mit Menschen in einer Kantine und ich frage: Was und wann essen Sie?... Entschuldigung, guten Appetit! Was essen Sie gern zu Mittag?
Oh, danke. Also, ich esse am Mittag nicht gern warm, ich mag sehr gern Salat.
Aha. Und Sie?
Ich esse gerne warm: Fleisch mit Kartoffeln.
Hmm, ich esse zu Mittag lieber eine Suppe. Hier – die Tomatensuppe ist sehr lecker!
Essen Sie immer um Viertel nach zwölf zu Mittag?
Nein, wir essen manchmal auch um 13 oder 14 Uhr.
Das ist spät! Frühstücken Sie auch?
Nein, ich trinke um acht Uhr nur einen Milchkaffee.
Nur Milchkaffee zum Frühstück?! Ich esse um sieben Uhr immer Obstsalat mit Joghurt.
Ich trinke um sechs Uhr nur einen Tee. Aber ich esse um zehn Uhr ein Brötchen.
Aha! Und wann und was essen Sie zu Abend?
Ich esse um sechs Uhr zu Abend – warm. Ich koche gerne: zum Beispiel Fleisch mit Gemüse. Und ich trinke Wasser.
Ich esse um 19 Uhr. Ich trinke gern Wein.
Und ich esse um acht Uhr am Abend kalt: Salat und Käsebrot. Und ich mag Bier!
Vielen Dank für das Gespräch. Und guten Appetit!

B, 1a

- Felix, hast du Zeit? Ich mache eine Feier und brauche deine Hilfe.
- Eine Feier? Peter und du, ihr heiratet?
- Nein, wir heiraten nicht und machen keine Hochzeitsfeier.
- Hmm, schade. Machen wir eine Familienfeier? Mit Opa, Onkel Christian und Tante Stefanie? Das ist super!
- Nein, keine Familienfeier. Ich habe meinen Kiosk schon 20 Jahre: Das feiern wir!
- Ah, na klar, 20 Jahre Kiosk – wir machen eine Kioskfeier! Das ist auch gut!

B, 1b+c

- Ah, na klar, 20 Jahre Kiosk – wir machen eine Kioskfeier! Das ist auch gut! Wann feiern wir? Am Freitag?
- Ich weiß nicht. Vielleicht am Samstag? Am Samstag haben alle Zeit. Um 16 Uhr?
- Um vier Uhr? Denkst du, alle können schon um vier Uhr kommen? Hm, na ja, okay. Und wer kommt? Laden wir Karim und Helen ein?
- Ja. Und Peter und Opa. Und Todor!
- Gut.
- Wir brauchen Getränke: Wasser, Saft, Cola und Bier. Ich kann Getränke bestellen.
- Super. Und wir brauchen Musik. Ich kann Musik organisieren!
- Tanzen wir auch?
- Ja, klar, wir tanzen, Mama! Du tanzt gern. Und Peter auch! Und was essen wir?
- Ich kann einen Apfelkuchen backen!
- Oh ja, ich mag deinen Apfelkuchen! Lecker. Und ich koche ein Curry.
- Und Todor kann seine Gurkensuppe machen. Alle können etwas mitbringen. Wir machen ein internationales Büfett.
- Sehr gut. Ich schreibe die Einladung!
- Sehr schön!

D, 1a, 2a

- Moritz, können wir über die Firmenfeier sprechen?
- Ja, klar, wir feiern schon am Freitag um 15 Uhr. Was machen wir bei der Feier?
- Na, wir tanzen! Wir brauchen Musik!
- Oh, Tanzen ist gut. Ich kann Musik mitbringen.
- Super. Spielen wir auch etwas?
- Spiele spielen? Hm, ich weiß nicht. Lieber nicht.
- Okay. Wir können heute das Essen und die Getränke bestellen.
- Stimmt. Hier ist die Internetadresse vom Partyservice. Schau, hier sind die Gerichte und Getränke.
- Das sieht lecker aus: Hm, Fisch mit Reis, Nudelsalat.
- Wir bestellen die Nudeln mit Schweinefleisch und den Fisch mit Reis.
- Okay. Wir brauchen etwas ohne Fleisch. Lei isst kein Fleisch. Wir können anrufen und fragen. Hier ist eine Telefonnummer.
- Ja. Dann schreibe ich jetzt: Frage 1: Haben Sie Gerichte ohne Fleisch?
- Gut. Und Ahmed isst keine Tomaten. Frage 2 ist: Haben Sie Salat ohne Tomaten?
- Salat ohne Tomaten. So, jetzt Getränke.
- Hier steht Wasser, Cola, Wein und Bier. Hm, kein Saft? Aber viele trinken gern Saft. Wir können fragen.
- Ja, Frage 3: Haben Sie auch Saft?
- Sehr gut. Wir rufen jetzt an.

9 Termine

A, 1b

- Du, Hannah, ich möchte zur Agentur für Arbeit gehen. Ich habe am Mittwoch Zeit. Hat die Agentur am Mittwoch geöffnet?
- Ich glaube, ja. Aber du brauchst einen Termin. Schau, die Telefonnummer ist hier.
- Okay, ich rufe dort an.
- Herzlich willkommen bei der Agentur für Arbeit. Wir haben neue Öffnungszeiten. Sie können Termine von Montag bis Freitag von 8 bis 17 Uhr vereinbaren.
- Agentur für Arbeit, guten Tag.
- Guten Tag, mein Name ist Banar Nazemi ...

B, 1a

- Hallo, Karim.
- Hi, Todor.
- Karim, wir müssen bis Mittwoch Hausaufgaben machen. Aber ich verstehe den Text nicht. Lernen wir heute zusammen Deutsch?
- Jetzt geht das leider nicht. Ich muss bei der Post ein Paket abgeben. Und ich habe auch einen Termin beim Friseur. Hast du heute Abend Zeit? Um sieben Uhr?
- Oh, das geht leider nicht. Ich mache einen Computerkurs bei der VHS. Ich muss zu dem Kurs gehen, das ist wichtig für mich. Hast du morgen Zeit?
- Hm, ich habe morgen um zehn Uhr einen Termin beim Bürgerbüro. Aber ich habe am Mittag Zeit.
- Oh, super. Ich habe morgen ab eins auch Zeit.
- Alles klar. Dann lernen wir morgen um ein Uhr zusammen.
- Okay. Tschüs, Karim.
- Tschüs!

B, 3a

- Schmittke, guten Tag.
- Hallo, Martina. Hier ist Todor. Kann ich mit Karim sprechen?
- Hallo, Todor! Karim ist jetzt nicht da.
- Hm, wir möchten heute um 13 Uhr zusammen lernen, aber ich komme später. Kannst du Karim eine Nachricht schreiben?
- Ja, das kann ich machen. Wann kommst du?
- Ich komme um halb zwei. Ich habe jetzt einen Termin bei der Agentur für Arbeit.
- Alles klar.
- Danke, Martina. Tschüs.
- Tschüs, Todor.

D, 1a+b

- Friseur Lavida. Guten Tag.
- Guten Tag, mein Name ist Gotan Tokow. Ich möchte einen Termin vereinbaren.
- Gerne. Geht es am Mittwoch um 16 Uhr?
- Am Mittwoch geht es nicht. Ich muss bis 18 Uhr arbeiten. Haben Sie am Donnerstag einen Termin frei?
- Tut mir leid. Am Donnerstag haben wir keinen Termin frei. Können Sie am Freitag um 11 Uhr oder um 16 Uhr kommen?
- 16 Uhr? Ja, das geht.
- Sehr gut, ich notiere: Herr Tokow, am Freitag um 16 Uhr.
- Vielen Dank. Auf Wiederhören.
- Auf Wiederhören und bis Freitag.

10 Mit Bus und Bahn

A, 1b

- Hallo, Liam, du bist schon da!
- Ja, ich wohne in der Siemensstraße, das ist nicht weit. Ich gehe immer zu Fuß. Wie kommst du zum Kurs?
- Ich gehe zuerst mit den Kindern zur Schule. Dann fahre ich mit dem Bus und dann gehe ich noch zehn Minuten zu Fuß. Ich fahre auch manchmal mit dem Fahrrad, das ist gesund.
- Und billig!
- Ja, das stimmt!

B, 3a+b

- Entschuldigen Sie?
- Ja, bitte?
- Ich möchte zum Zoo. Wann fährt die U-Bahn?
- Die U1 fährt in fünf Minuten. Drei Stationen und dann sind Sie da.
- Dann bin ich da? Kann ich direkt fahren?
- Ja, Sie müssen nicht umsteigen.
- Muss ich nicht umsteigen und mit der U3 fahren?
- Nein, nein. Zum Zoo fahren Sie nur mit der U1.
- Gut. Und wo kann ich eine Fahrkarte kaufen?
- Am Automaten. Dort, sehen Sie?
- Ah ja. Und was kostet eine Fahrkarte?
- 2,90 Euro.
- Vielen Dank!
- Hallo, Entschuldigung, Sie müssen nicht mit der U4 und der U3 fahren. Das ist falsch!
- Ja ja, das weiß ich schon, aber vielen Dank!

C, 1a

eins

- Entschuldigung, schmeckt's?
- Hm, ja, lecker. Ich mag Döner.
- Ich nicht. Sie dürfen in der U-Bahn nicht essen, wissen Sie das?
- Oh, wirklich?
- Ja, Essen und Trinken ist hier verboten.
- Oh, tut mir leid!

zwei

- Prost!
- Prost! Mensch, herzlichen Glückwunsch!
- Entschuldigung, sehen Sie das Schild?
- Schild? Wo?
- Na, hier. Das bedeutet: Man darf hier keinen Alkohol trinken. Das ist verboten.
- Oh, Entschuldigung! Aber wir feiern nur ein bisschen. Ich heirate morgen!
- Hm, dann herzlichen Glückwunsch!

drei

- Liebe Fahrgäste, bitte beachten Sie das Rauchverbot! Das Rauchen ist im Bahnhof, im Zug und auf dem Bahnsteig verboten! Vielen Dank.

vier

- S2 nach Bernau, bitte einsteigen ...
- Entschuldigung, wo kann ich mit dem Fahrrad einsteigen?
- Sehen Sie den Wagen dort? Dort dürfen Sie Ihr Fahrrad mitnehmen. Dort ist es erlaubt. Aber Sie brauchen eine Fahrkarte für das Fahrrad.
- Ja, ich weiß. Danke!

Quellen

Cover: Cornelsen/Rosendahl Berlin/Daniel Meyer; **U2:** (Badge Apple-Store): Apple Inc.,IP & Licensing; (Badge Google App): Google Ireland ltd.; **S. 2** (Mitte rechts): Cornelsen/Björn Schumann; (unten rechts): Cornelsen, Landschaft im Hintergrund: Shutterstock/ActiveLines, Nagel: stock.adobe.comGraphicsRF, Hammer, Klammern und Bäume mit Wäscheleine: Cornelsen/Bettina Nutz; **S. 3** (Mitte links): Cornelsen, Foto: stock.adobe.com/Africa Studio; (unten rechts): Cornelsen, Fotos: stock.adobe.com/Josep Curto; stock.adobe.com/LianeM; **S. 4** (1): Cornelsen/Björn Schumann; (2): Cornelsen/Björn Schumann; (3): Cornelsen/Hugo Herold; (4): Shutterstock.com/Iakov Filimonov; (5): Shutterstock.com/Dean Drobot; **S. 5** (6): Cornelsen/Björn Schumann; (7): Shutterstock.com/Gorodenkoff; (8): Cornelsen/Björn Schumann; (9): Shutterstock.com/fizkes; (10): Shutterstock.com/Iryna Inshyna; **S. 6** (11): Shutterstock.com/Lordn; (12): Shutterstock.com/ALPA PROD; (13): Shutterstock.com/Nenad Cavoski; (14): stock.adobe.com/Tobias Arhelger; (15): stock.adobe.com/Marco2811; **S. 7** (16): Shutterstock.com/Gorodenkoff; (17): Cornelsen/Daniel Meyer; (18): Shutterstock.com; (19): Deutsche Bahn AG/Uwe Miethe; (20): Cornelsen/Björn Schumann; **S. 8** (oben): Cornelsen/Björn Schumann; (unten alle): Shutterstock.com/Tartila; **S. 9** (1–4): Cornelsen/Björn Schumann; (unten links): Shutterstock.com/Loveshop; (unten alle anderen): Shutterstock.com/Tartila; **S. 10** (A+B): Cornelsen/Björn Schumann; **S. 11** (Mitte rechts): Shutterstock.com/Halfpoint; **S. 12** (1–4 oben): Cornelsen/Björn Schumann; (1–5 unten): Cornelsen/Björn Schumann; (6): Shutterstock.com/Daniel M Ernst; **S. 13** (1–6 oben): stock.adobe.com/Svyatoslav Lypynskyy; (alle unten): Shutterstock.com/I'm friday; **S. 15** (alle): stock.adobe.com/Takayuki ISHIHARA/taka; **S. 16** (1–4 oben): Cornelsen/Björn Schumann; (Mitte links): Shutterstock.com/LanBaiyu; (Mitte rechts): stock.adobe.com/Matthew Dixon/travelwitness; (unten v.l.n.r.): Shutterstock/Monkey Business Images; Shutterstock.com/Zoriana Zaitseva; stock.adobe.com/rocketclips; Shutterstock.com/goodluz; Shutterstock.com/Serhii Bobyk; stock.adobe.com/runzelkorn; **S. 17** (Smileys) Shutterstock.com/Carboxylase; (von oben nach unten): Shutterstock.com/AshTproductions; stock.adobe.com/Manuel Tennert; Shutterstock.com/AshTproductions; Shutterstock.com/Rahhal; stock.adobe.com/Manuel Tennert; Shutterstock.com/Rahhal; (unten v.l.n.r.): stock.adobe.com/Racle Fotodesign; Shutterstock.com/Jacob Lund; stock.adobe.com/benjaminnolte; stock.adobe.com/Kzenon; Shutterstock.com/FXQuadro; Shutterstock.com/imtmphoto; **S. 18** (von oben nach unten): mauritius images/alamy stock photo/Markus Wissmann; Deutsche Basketball Bund e. V. (DBB); Imago Stock & People GmbH/Future Image; **S. 19** (1): Shutterstock.com/Andrey Burmakin; (2) stock.adobe.com/Milan Ilic/chika_milan; (3) Shutterstock.com/PHILIPIMAGE; (4) Shutterstock.com/shurkin_son; (unten links): mauritius images/alamy stock photo/ZUMA Press; (unten rechts): mauritius images/Oliver Gutfleisch; **S. 20** (Würfel): Shutterstock.com/art-sonik; (Mitte rechts): Cornelsen/Björn Schumann; (unten alle): Shutterstock.com/anueing; **S. 21** (unten alle): Shutterstock.com/anueing; **S. 22** (oben rechts): Shutterstock.com/Alexander Raths; **S. 24** (von oben nach unten): Imago Stock & People GmbH/photothek/Thomas Trutschel; dpa Picture-Alliance/Bernd Kammerer; Imago Stock & People GmbH/photothek/Michael Gottschalk; (Karte): Shutterstock.com/Meda01; **S. 25** (links): Shutterstock.com/Ljupco Smokovski; (rechts): Cornelsen, Deutschland-Karte: Shutterstock.com/Meda01, Schild: Shutterstock.com/anweber; **S. 26** (1–4): Cornelsen/Hugo Herold; (unten v.l.n.r.): Shutterstock.com/Jekatarinka; stock.adobe.com/Igor Savenchuk; stock.adobe.com/Foton; Shutterstock.com/Dima Moroz; stock.adobe.com/Sergii Moscaliuk; Shutterstock.com/Intellson; **S. 27** (oben links): stock.adobe.com/arshad ali/EyeEm; (oben rechts): Shutterstock.com/Orange Line Media; (2.v. oben links+rechts): Cornelsen/Björn Schumann; (Mitte): stock.adobe.com/Igor Savenchuk; (unten v.l.n.r.): Shutterstock.com/studiovin; Shutterstock.com/NosorogUA; Shutterstock.com/HappyAprilBoy; Shutterstock.com/Room27; Shutterstock.com/Shtefany; Cornelsen/Hugo Herold; **S. 28** (1): Shutterstock.com/Monkey Business Images; (2): stock.adobe.com/Monkey Business; (3): stock.adobe.com/rocketclips; (Mitte v.l.n.r.): Shutterstock.com/Lars Hallstrom; Shutterstock.com/Nikodash; Shutterstock.com/Prostock-studio; (unten alle): stock.adobe.com/Andrii Zastrozhnov; **S. 29** (alle): Cornelsen/Björn Schumann; **S. 30** (oben links): Shutterstock.com/Raisa Suprun; (oben rechts): stock.adobe.com/Pixel-Shot; (2.v. oben links): Shutterstock.com/Dima Moroz; (2.v. oben rechts): Shutterstock.com/Didecs; (unten alle): Shutterstock.com/Triangle c; **S. 31** (oben links+rechts): Shutterstock.com/Triangle c; (Mitte rechts): Shutterstock.com/mimagephotography; (A): Shutterstock.com/Maxx-Studio; (B): Shutterstock.com/Sashkin; (unten alle): Shutterstock.com/Triangle c; **S. 32** (1): stock.adobe.com/Jürgen Fälchle/Jürgen; (2): Shutterstock.com/Tangerinesky; (3): Shutterstock.com/Africa Studio; (Smileys oben): Shutterstock.com/olessya.g; (Emoji Daumen): Cornelsen/Kirsten Höcker; (Emoji Schrank): Shutterstock.com/ibrandify gallery; (Emoji Tisch): Shutterstock.com/MoreMass; (Hände): Shutterstock.com/bsd; (Smiley unten): stock.adobe.com/Ivan Kopylov; (unten alle): Shutterstock.com/photastic; **S. 33** (Mitte Flaggen): Shutterstock.com/Tartila; (unten): Shutterstock.com/photastic; **S. 34** (oben links): Cornelsen/Björn Schumann; (1): Cornelsen; (2): Shutterstock.com/ESB Professional; (3): Shutterstock.com/fizkes; (4): Shutterstock.com/loreanto; (unten alle): Shutterstock.com/Gladskikh Tatiana; **S. 35** (oben links): Cornelsen/Björn Schumann; (Mitte): Shutterstock.com/photastic; (unten): Shutterstock.com/Gladskikh Tatiana; **S. 36** (oben rechts): Shutterstock.com/dencg; (Mitte rechts): Cornelsen/Björn Schumann; **S. 37** (Smileys): stock.adobe.com/Ivan Kopylov; (unten rechts): Cornelsen; **S. 38** (Grafiken oben): Shutterstock.com/Macrovector; (Mitte rechts): Shutterstock.com/IKO-studio; **S. 40** (Mitte links): Shutterstock.com/George Rudy; (Mitte rechts): Shutterstock.com/Maja Marjanovic; (unten links): Shutterstock.com/Shebeko; (unten rechts): Shutterstock.com/IgorAleks; **S. 41** (A): Shutterstock.com/Iakov Filimonov; (B): stock.adobe.com/anoushkatoronto; (C): Shutterstock.com/ID1974; **S. 42** (Mitte rechts): mauritius images/alamy stock photo/Panther Media GmbH; **S. 43** (oben Mitte): Cornelsen; (oben rechts): pierre – comics, design & art; (Mitte links): Shutterstock.com/Rido; (unten links): Shutterstock.com/SehrguteFotos; **S. 44** (oben links+rechts): Cornelsen/Björn Schumann; (unten v.l.n.r.): Shutterstock.com/dwphotos; Shutterstock.com/FLUKY FLUKY; Shutterstock.com/David Prado Perucha; Shutterstock.com/Syda Productions; stock.adobe.com/terovesalainen; stock.adobe.com/Seventyfour; **S. 45** (Smileys + Emojis): Shutterstock.com/Carboxylase; (unten v.l.n.r.): Shutterstock.com/fizkes; Shutterstock.com/Freedomz; Shutterstock.com/GaudiLab; stock.adobe.com/Drobot Dean/Drobot; Shutterstock.com/DUSAN ZIDAR; Shutterstock.com/David Prado Perucha; **S. 46** (1): Shutterstock.com/Y. Pieper; (2): stock.adobe.com/Ilhan Balta/Ilhan; (3): Stadt Mannheim; (4): Stadt Mannheim; (5): Stadtpark Mannheim gGmbH/Christine Eichenlaub; (6): stock.adobe.com/Soho A studio/Soho; (Smileys + Emojis): Shutterstock.com/Carboxylase; (unten v.l.n.r.): Shutterstock.com/Evgeny Atamanenko; Shutterstock.com/Halfpoint; Shutterstock.com/Morakot Kawinchan; Shutterstock.com/Zhanna Fashayan; Shutterstock.com/Jacob Lund; Shutterstock.com/Dean Drobot; **S. 47** (Mitte von oben nach unten): Shutterstock.com/Rido; Shutterstock.com/Ollyy; stock.adobe.com/Krakenimages.com; Shutterstock.com/Ollyy; Shutterstock.com/Ollyy; (unten v.l.n.r.): Shutterstock.

com/Aila Images; Shutterstock.com/Microgen; Shutterstock.com/StockPhotosArt; Shutterstock.com/AlessandroBiascioli; stock.adobe.com/BillionPhotos.com; Adobe Stock/bernardbodo; **S. 48** (oben rechts): Shutterstock.com/daver2002ua; (oben links): Shutterstock.com/antoniodiaz; (Mitte rechts): Shutterstock.com/Iakov Filimonov; **S. 49** (alle): Cornelsen/Björn Schumann; **S. 50** (alle): Shutterstock.com/Krakenimages.com; **S. 51** (A): Shutterstock.com/ESB Professional; (B): Shutterstock.com/Ollyy; **S. 52** (Uhren oben + unten): Shutterstock/Dmitry Zimin; (oben Hintergrund): Shutterstock.com/Jezper; (Mitte alle): Cornelsen/Björn Schumann; **S. 53** (Mitte + unten): Shutterstock/Dmitry Zimin; (rechts 2.v.unten): Shutterstock.com/Phovoir; **S. 54** (oben links): Cornelsen/Björn Schumann; (Mitte): Shutterstock.com/BortN66; (unten v.l.n.r.): Shutterstock.com/BortN66; Shutterstock.com/BortN66; Shutterstock.com/Nestor Rizhniak; Shutterstock.com/Bplanet; Shutterstock.com/Bplanet; **S. 55** (oben alle): Shutterstock.com/I'm friday; (unten v.l.n.r.): Shutterstock.com/BAZA Production; Shutterstock.com/BAZA Production; stock.adobe.com/DragonImages; stock.adobe.com/fizkes; stock.adobe.com/Prostock-studio; **S. 56** (oben v.l.n.r.): stock.adobe.com/Kalinovsky Dmitry; stock.adobe.com/Aldeca Productions; Shutterstock.com/Syda Productions; Shutterstock.com/antoniodiaz; **S. 57** (oben rechts): Shutterstock.com/New Africa; **S. 58** (Smileys): Shutterstock.com/Carboxylase; (Mitte rechts): Cornelsen/Hugo Herold; **S. 59** (Mitte): Cornelsen; (unten links): Shutterstock.com/photastic; **S. 60:** (von oben nach unten): stock.adobe.com/Josep Curto; stock.adobe.com/LianeM; egapark/Steve Bauerschmidt; stock.adobe.com/Sergii Figurnyi; **S. 61** (oben links): Shutterstock.com/Pressmaster; (Mitte): stock.adobe.com/natalialeb; (oben rechts): Shutterstock.com/Anukul; **S. 62** (oben): Cornelsen/Björn Schumann; (Mitte v.l.n.r.): stock.adobe.com/Anatoly Repin; stock.adobe.com/vitals; Shutterstock.com/Ryzhkov Photography; Shutterstock.com/Jacek Chabraszewski; (unten v.l.n.r.): Shutterstock.com/Dionisvera; Shutterstock.com/Dmitrij Skorobogatov; Shutterstock.com/Tim UR; Shutterstock.com/Boonchuay1970; Shutterstock.com/MaraZe; stock.adobe.com/ExQuisine; Shutterstock.com/Oxie99; **S. 63** (oben links): Shutterstock.com/tools12; (oben rechts): Shutterstock.com/Ruslana Iurchenko; (2.v.oben links): Shutterstock.com/AJR_photo; (2.v.oben rechts): Shutterstock.com/Matt Hahnewald; (Mitte v.l.n.r.): Shutterstock.com/yamix; Shutterstock.com/Alexander Raths; Shutterstock.com/Serg64; Shutterstock.com/monticello; Shutterstock.com/Svetlana Foote; (unten v.l.n.r.): Shutterstock.com/Somchai Som; Shutterstock.com/EM Arts; Shutterstock.com/anitasstudio; Shutterstock.com/DenisMArt; Shutterstock.com/Slawomir Zelasko; Shutterstock.com/gresei; stock.adobe.com/Gresei; **S. 65** (oben v.l.n.r.): Shutterstock.com/Chimpinski; Shutterstock.com/Chimpinski; Shutterstock.com/orinocoArt; Shutterstock.com/Volosina; Shutterstock.com/Pixel-Shot; Shutterstock.com/gresei; Shutterstock.com/DenisMArt; (rechts von oben nach unten): Shutterstock.com/DenisMArt; Shutterstock.com/Africa Studio; Shutterstock.com/siloto; Shutterstock.com/siloto; Shutterstock.com/tanaphongpict; (unten links): Shutterstock.com/Foodio; **S. 66** (oben links): Shutterstock.com/Gorodenkoff; (oben Mitte): Shutterstock.com/marekusz; (oben rechts): stock.adobe.com/Ralf Geithe; (2.v.oben links): Shutterstock.com/Corepics VOF; (2.v.oben Mitte): Shutterstock.com/Iakov Filimonov; (Mitte rechts): Shutterstock.com/New Africa; **S. 67** (oben alle): Cornelsen/Ekre und Ludwig GbR; **S. 68** (oben links): Shutterstock.com/pilipphoto; (oben Mitte): Shutterstock.com/GSDesign; (oben rechts): Shutterstock.com/etorres; **S. 69** (oben + unten): Shutterstock.com/Mega Pixel; (oben 2.v. links Grafik): Shutterstock.com/Picture Window; (oben rechts Grafik): Shutterstock.com/davooda; **S. 70** (1): Shutterstock.com/Halfpoint; (2): stock.adobe.com/engel.ac; (3): stock.adobe.com/Visions-AD; (4): stock.adobe.com/Ingo Bartussek; (unten v.l.n.r.): Shutterstock.com/Tatiana Bralnina; Shutterstock.com/LightField Studios; Shutterstock.com/matka_Wariatka; Shutterstock.com/nelen; Shutterstock.com/nadianb; **S. 71** (Mitte v.l.n.r.): stock.adobe.com/Slawomir Fajer; stock.adobe.com/Martin Rettenberger; stock.adobe.com/Kathleen Rekowski; Shutterstock/Brent Hofacker; (unten v.l.n.r.): Shutterstock.com/wavebreakmedia; Shutterstock.com/RAYphotographer; Shutterstock.com/vladeva; stock.adobe.com/kab-vision; Shutterstock.com/wavebreakmedia; **S. 73** (oben): Shutterstock.com/Dreamer Light; (Smiley): Shutterstock.com/Carboxylase; **S. 74** (alle) Cornelsen/Björn Schumann; **S. 75** (1.Reihe oben v.l.n.r.): stock.adobe.com/Martin Rettenberger; stock.adobe.com/Slawomir Fajer; stock.adobe.com/victoria p./victoria; stock.adobe.com/Angela Staenicke; Shutterstock.com/GSDesign; (2. Reihe oben v.l.n.r.): stock.adobe.com/Jacek Chabraszewski; stock.adobe.com/pavel siamionov; stock.adobe.com/HLPhoto; Shutterstock.com/highviews; Shutterstock.com/Africa Studio; **S. 76** (oben): Shutterstock.com/Tokarchuk Andrii; (2. a): Shutterstock.com/mangpor2004; (2. b): Shutterstock.com/Impact Photography-Shutterstock; (2. c): stock.adobe.com/tsuguliev; (3. a): Shutterstock.com/highviews; (3. b): stock.adobe.com/victoria p.; (3. c): Shutterstock.com/Rmbssk; (4. a): Shutterstock.com/Oxie99; (4. b): Shutterstock.com/MaraZe; (4. c): Shutterstock.com/Boonchuay1970; (5. a): Shutterstock.com/gresei; (5. b): Shutterstock.com/DenisMArt; (5. c): Shutterstock.com/Slawomir Zelasko; **S. 77** (oben links): Shutterstock.com/Radiasi; **S. 78** (Mitte v.l.n.r.): Shutterstock.com/Oksana Mizina; stock.adobe.com/breakingthewalls; Shutterstock.com/MaraZe; Shutterstock.com/Elena Veselova; **S. 79** (oben links): Shutterstock.com/ArtEvent ET; (rechts von oben nach unten): Shutterstock.com/StockphotoVideo; Shutterstock.com/kuvona; Shutterstock.com/AS Food studio; Shutterstock.com/Abdelrahman Qassem; Shutterstock.com/ugurr; Shutterstock.com/Anas.hussein; **S. 80** (oben links): Shutterstock.com/r.classen; (oben rechts): Shutterstock.com/nitpicker; (2.v. oben rechts): Shutterstock.com/khuruzero; (3.v. oben rechts): Shutterstock.com/ganjalex; (unten v.l.n.r.): stock.adobe.com/Animaflora PicsStock; stock.adobe.com/blende11.photo; Shutterstock.com/Zolnierek; Shutterstock.com/Prostock-studio; Cornelsen; Shutterstock.com/Africa Studio; **S. 81** (oben rechts): Shutterstock.com/fizkes; (unten v.l.n.r.): Cornelsen; Shutterstock.com/pikselstock; Cornelsen; Shutterstock.com/Rawpixel.com; Shutterstock.com/nitpicker; Shutterstock.com/Rawpixel.com; **S. 83** (Mitte rechts): Cornelsen; **S. 85** (oben rechts): Cornelsen/Björn Schumann; **S. 86** (oben alle): stock.adobe.com/Andrii Zastrozhnov; (Mitte links): Shutterstock.com/Robert Kneschke; (Mitte rechts): Shutterstock.com/GaudiLab; **S. 87** (oben rechts): Shutterstock.com/ganjalex; **S. 88** (oben) Cornelsen; (unten v.l.n.r.): stock.adobe.com/Sven Krautwald; Shutterstock.com/Dariush M; Shutterstock.com/Onjira Leibe; Deutsche Bahn AG/Volker Emersleben; Stadtwerke Verkehrsgesellschaft Frankfurt am Main mbH (VGF); **S. 89** (Mitte links): Shutterstock.com/Monkey Business Images; (Mitte rechts): Shutterstock.com/gabrijelagal; (unten v.l.n.r.): Deutsche Bahn AG/Georg Wagner; Shutterstock.com/Andrey_Popov; stock.adobe.com/Flaviu Boerescu/Flaviu; Shutterstock.com/aapsky; Shutterstock.com/Radomir; **S. 90** (Mitte links): stock.adobe.com/maximmmmum; (Mitte rechts): stock.adobe.com/Copyright(C)2000–2006 Adobe Systems, Inc. All Rights Reserved.; (Mitte rechts unten): Shutterstock.com/Illizium; **S. 91** (Mitte alle): Shutterstock.com/I'm friday; (A): Shutterstock.com/Iryna Inshyna; (B): Shutterstock.com/Iakov Filimonov; **S. 92** (A): stock.adobe.com/yukipon00; (B): stock.adobe.com/yukipon00; (C): Shutterstock.com/RedKoala; (D): stock.adobe.com/yukipon00; (1): Shutterstock.com/nikolae; (2):

Quellen

Shutterstock.com/nikolae; (3): Shutterstock.com/Ecelop; (4): Shutterstock.com; (5): Shutterstock.com/nikolae; **S. 93** (unten): stock.adobe.com/Copyright(C)2000–2006 Adobe Systems; **S. 94** (Mitte alle): BVG; **S. 95** (Mitte links): Shutterstock.com/Budimir Jevtic; (Mitte rechts): Shutterstock.com/NDAB Creativity; **S. 96** (oben links): Shutterstock.com/Santiago Salinas; (Mitte rechts): Shutterstock.com/Viktoriia Hnatiuk; (Mitte links): Shutterstock.com/ISSARET YATSOMBOON; (unten): stock.adobe.com/Copyright(C)2000–2006 Adobe Systems; **S. 97** (oben rechts): Cornelsen/Bettina Hamann; (Mitte alle): stock.adobe.com/Copyright(C)2000–2006 Adobe Systems; **S. 104** (unten links): stock.adobe.com/Igor Savenchuk

Treffpunkt

Deutsch als Zweitsprache für Alltag und Beruf

Kursbuch A1.1

Im Auftrag des Verlages erarbeitet von: Julia Herzberger, Friederike Jin, Martina Schäfer und Matthias Scheliga
Video-Clips: Matthias Scheliga
Grammatik-Animationen: Ute Voß

In Zusammenarbeit mit der Redaktion: Andrea Mackensen, Julia Schulte
Redaktionelle Mitarbeit: Jacolien de Vries, Anne Planz
Redaktionsleitung: Gertrud Deutz

Besonderer Dank gilt Maren Schoenfelder (Paderborn) und Lothar Bunn (Münster) für den Input im Bereich der inter- und plurikulturellen Kommunikation sowie Rudi Camerer (Frankfurt/Main) für die Beratung bei der Umsetzung der Vorgaben des Begleitbandes zum GER.
Beratende Mitwirkung: Laura Dürschmied (Würzburg), Bernhard Falch (Innsbruck, Österreich), Claudia Lühmann (Buxtehude), Le Phuong Hoa (Hanoi, Vietnam), Sabine Roth (Erlangen), Joachim Schote (Freiburg), Alev Yazıcı (Ankara, Türkei)

Umschlaggestaltung und Layoutkonzept: Rosendahl Berlin, Agentur für Markendesign
Umschlagfoto: Daniel Meyer, Hamburg
Technische Umsetzung: Straive, Indien
Illustrationen: Sylvia Wolf, Tanja Székessy (S. 12 und 44)

Soweit in diesem Lehrwerk Personen fotografisch abgebildet sind und ihnen von der Redaktion fiktive Namen, Berufe, Dialoge und Ähnliches zugeordnet oder diese Personen in bestimmte Kontexte gesetzt werden, dienen diese Zuordnungen und Darstellungen ausschließlich der Veranschaulichung und dem besseren Verständnis des Inhalts.

www.cornelsen.de

Die Webseiten Dritter, deren Internetadressen in diesem Lehrwerk angegeben sind, wurden teilweise von Cornelsen mit fiktiven Inhalten zur Veranschaulichung und/oder Illustration von Aufgabenstellungen und Inhalten erstellt. Alle anderen Webseiten wurden vor Drucklegung sorgfältig geprüft. Der Verlag übernimmt keine Gewähr für die Aktualität und den Inhalt dieser Seiten oder solcher, die mit ihnen verlinkt sind.

1. Auflage, 1. Druck 2022

Alle Drucke dieser Auflage sind inhaltlich unverändert und können im Unterricht nebeneinander verwendet werden.

© 2022 Cornelsen Verlag GmbH, Berlin

Das Werk und seine Teile sind urheberrechtlich geschützt. Jede Nutzung in anderen als den gesetzlich zugelassenen Fällen bedarf der vorherigen schriftlichen Einwilligung des Verlages.
Hinweis zu §§ 60 a, 60 b UrhG: Weder das Werk noch seine Teile dürfen ohne eine solche Einwilligung an Schulen oder in Unterrichts- und Lehrmedien (§ 60 b Abs. 3 UrhG) vervielfältigt, insbesondere kopiert oder eingescannt, verbreitet oder in ein Netzwerk eingestellt oder sonst öffentlich zugänglich gemacht oder wiedergegeben werden. Dies gilt auch für Intranets von Schulen.

Druck: AZ Druck und Datentechnik GmbH, Kempten

ISBN: 978-3-06-121282-7
ISBN: 978-3-06-122560-5 (E-Book)

PEFC PEFC/04-31-2260

PEFC zertifiziert
Dieses Produkt stammt aus nachhaltig bewirtschafteten Wäldern und kontrollierten Quellen.
www.pefc.de

Grammatik lernen leicht gemacht
... mit Grammatik aktiv

Übungsgrammatik mit

- einfachen Erklärungen
- anschaulichen Videos
- vielen abwechslungsreichen Übungen
- Hör- und Sprechübungen

Grammatik aktiv

Übungsgrammatik mit
PagePlayer-App A1–B1
Deutsch als Fremdsprache
Verstehen, Üben, Sprechen
2. aktualisierte Ausgabe
ISBN 978-3-06-122964-1

Mehr Infos finden Sie unter
www.cornelsen.de/daf